오래된
가게

문화의 길 009
세월을 이기는 힘
오래된 가게

ⓒ 정진오 2015

초판 1쇄 인쇄 2015년 3월 3일 초판 2쇄 발행 2015년 5월 26일
지은이 정진오 **펴낸이** 이기섭 **기획** (재)인천문화재단 **편집** 최광렬 **마케팅** 조재성 정윤성 한성진 정영은 박신영
관리 김미란 장혜정 **디자인** 오필민 디자인 **펴낸곳** 한겨레출판(주) **등록** 2006년 1월 4일 제313-2006-00003호
주소 121-750 서울시 마포구 공덕동 116-25 한겨레신문사 4층 **전화** 02)6383-1602~3 **팩스** 02)6383-1610
홈페이지 www.hanibook.co.kr **이메일** ckr@hanibook.co.kr

값은 뒤표지에 있습니다. 파본이나 잘못된 책은 서점에서 바꾸어 드립니다.

ISBN 978-89-8431-879-3 04080

문화의 길
총서
09

세월을
이기는 힘
오래된
가
게

글·사진 정진오

한겨레출판

일러두기

- 본문에 등장하는 인물들의 나이는 2014년 취재 당시의 나이를 기준으로 했습니다.
- 저자 제공본 외에 이 책에 사용된 사진은 그 출처를 밝혔습니다. 저작권은 해당 출처에 있습니다.

이야기가 쌓여
역사가 된 곳들을
찾아서

늙어 간다는 것은 역사를 써 간다는 것이다. 아프리카 동부의 소말리아에 "노인 한 사람이 죽으면 도서관 하나가 불타 없어진 것과 같다"라는 속담이 있다고 한다. 늙음의 가치를 이보다 더 고귀하게 표현한말이 또 있을까 싶다. 소말리아의 이 속담은 노인이 체득한 바가 사그라지지 않고 후대에 잘 이어질 수 있도록 전체가 나서야 한다는 점을강조한다.

시간은 흐르고, 공간은 변하게 마련이다. 도시는 그 시간과 공간의흐름 속에서 이루어진다. '도시 정체성'이란 말은 애초부터 틀렸는지도 모른다. 정체성은 변하지 않는 본디의 모습을 일컫는데, 도시는 그자체로 변화의 산물이기 때문이다.

도시는 끊임없이 변화하는데 그 속에서 변하지 않는 사람들이 있다.오래된 가게의 주인들이다. 그 오래된 가게를 작다고 무시해서는 안

될 일이다. 오래 버티고 있다는 이유만으로도 그것을 다시 들여다볼 필요가 있다. 오래된 가게는 주인이 평생 동안 얻은 지혜의 곳간이기도 하다.

　오래된 가게의 주인들은 대를 잇는 경우를 제외하고는 대부분이 70대 이상이다. 그들은 어린 나이에 한국전쟁의 참화를 겪었고, 학교 공부를 해야 할 시절에 돈벌이에 나서야 했다. 내일을 위해서가 아니었다. 오늘 당장 먹고살기 위해서였다. 나만을 위해서가 아니었다. 부모와 형제를 위해서였다. 그 와중에 결혼도 하고, 아이도 낳아 가르쳤다. 여유가 없었다. 숨이 가빴다. 어느덧 할아버지 할머니가 되었다. 뒤돌아보니 역사가 되어 있었다.

　그 오래된 가게 이야기로 인천이라는 도시를 말하고자 하였다. 그 가게들로 인천의 도시 특성을 이야기하고 싶었다. 그렇게 찾아간 가게들에서는 바다, 전쟁, 실향, 미군, 일제, 화교, 공장 등의 특징이 도드라졌다. 그것들은 섞일 듯 섞이지 않았다.

　그랬다. 인천에서 한 가지만 하면서 오래 살아온 사람들에게서는 저마다 다른 냄새가 났다. 그들은 그렇게 다른 색깔로 인천을 그려 왔다.

어떤 도시인들 속 깊은 이야기를 간직하지 않은 곳이 있겠냐마는, 인천처럼 다양한 휴먼 드라마가 널려 있는 곳은 많지 않다. 모든 도시가 변한다지만, 한반도에서 인천만큼 시간과 공간의 변화가 급격하게 진행된 도시는 드물다.

근대 이후만 놓고 보자. 1883년 제물포 개항과 함께, 한적하던 어촌에 갑자기 외국인들이 득실대기 시작했다. 그들이 나라를 빼앗기 위해 왔다는 것은 일본에 모든 것을 내준 뒤에나 알았다. 일제강점기에 항만이 건설되고, 군사기지가 조성되었다. 철도가 놓였고, 최초의 천일염전이 만들어졌다. 해방이 되어서는 미군이 첫발을 디뎠으며, 그들 역시 기지를 구축했다. 전쟁이 터지면서는 분단선이 되었다. 그리고 실향민이 넘쳤다. 먹고살기 위해 전국의 빈민들이 몰려들었다. 드넓은 갯벌을 매립해 공장 지대를 조성했다. 항만의 도시에 국제공항까지 건설되었다. 어느 날, 강화와 옹진이 품 안에 들어왔다. 경제자유구역이란 이름표도 제일 먼저 달았다. 거기에 UN 기구들까지 자리를 틀고 있다. 국제도시에서 다시 국제도시로. 먼저는 외세에 의한 강제였다면, 지금은 서울과 경쟁까지 붙을 정도로 국제화에 적극적이다. 120여 년 사이의 일이다.

이렇듯 다양한 이야깃거리를 갖고 있는 도시가 또 있을 것인가. 인천은 그래서 시간과 공간 변화의 상징 도시이다.

1940년에 일본인들의 눈에 비친 인천 또한 참으로 다양한 모습으로 그려졌다. 『모던 일본 조선판(1940년)』이라는 잡지에 조선의 각 도시를 함축적으로 설명한 부분이 있는데, 당시 인천의 모습이 어땠는지 잘 보여 준다. 지금과 비교할 대상으로도 의미가 클 듯싶다.

항구도시 인천. 이는 아주 오래된 이름이다. 청일·러일전쟁에서 늘 전쟁의 서막을 알리는 존재로 보도된 곳이다. 산동 일대에서 온 중국인들의 거리에는 푸른 창문, 노란색 난간의 집들이 언덕을 원색으로 물들이고 있고, 드나드는 배들의 기적 소리는 아득한 근심을 돋운다. 월미도의 솔바람 소리가 언덕 위 측후소의 풍신기를 돌리면

간만의 차 30척인 저녁 밀물이 움직이기 시작한다. 이 조류를 수력 전기로 환산하려는 계획을 갖고 있는 세기의 인물도 있다. 이것은 단순한 꿈이 아니다. 이미 경인 간은 흥아(興亞)의 맨체스터가 되려고 엄청난 전진을 하고 있다.

일본인들은 당시의 인천을 영국의 대표적 상공업 도시 맨체스터와 견주어 아시아의 대표적 상공업 도시를 향해 나아가고 있다고 표현할 정도였다. 그 인천에는 수많은 종류의 가게들이 있었다.

가게. 도시에서 가장 많은 이야기가 묻어나는 곳이다. 가게에는 사람이 오가고 물건이 드나든다. 그래서 이야기가 많다. 그 이야기들이 쌓이면 역사가 된다.

필자가 '오래된 가게―고포(古舖)'에 대해 관심을 가진 것은 2008년 새해가 밝으면서였다. 당시 신문사 내에서 '30년 전 인천'에 관한 기사를 준비하면서다. 경인일보(당시 경기신문)의 1978년 1월 신년 기획 기사 '고포(古舖)' 시리즈가 눈에 확 들어왔다. 30년 전 시점에서 오래

된 가게라면 해방 이전에 이미 문을 열었어야 할 터였다. '이 가게들이 지금까지 남아 있을까?' 궁금하기만 했다. 영생당 한약방, 상업은행 인천 지점, 동원당 한약방, 인천도너스집, 선구점 신양상사, 중국요리점 공화춘, 무명의 양철집, 인천양조주식회사, 고려정미소, 은성다방, 애관극장 등 11곳의 고포들이 소개되었는데, 남아 있는 것은 중국음식점 공화춘, 애관극장, 상업은행(현 우리은행) 인천 지점 등 세 곳뿐이었다. 많은 곳이 문을 닫고 사라졌다. 다시 고포를 찾아내고 싶었다. 그렇게 생각만 하다가 그냥 시간을 보냈다. 까맣게 잊고 있었다. 그러다 아주 우연한 기회에 인천문화재단 측의 제안을 받았을 때, 몇 년 전의 '오래된 가게' 시리즈가 우선 떠올랐다.

오래된 가게로 인천을 이야기해야 하는 일. 우선 인천의 다양한 특징을 담아낼 가게부터 찾아 나섰다. 여기저기 줄을 대서 20여 곳을 골랐다. 식당은 제외했다. 오래된 식당의 경우, 그동안 해 왔던 것처럼 앞으로도 오랫동안 더 영업할 가능성이 크다고 보았다. 오래된 식당을 다룰 기회는 얼마든지 있을 터였다.

선정한 오래된 가게와 관련 있는 각 분야의 기초 자료도 수집했다. 인천의 역사가 기본이었기에, 인천 각 지역의 향토사 자료는 최대한 많이 모으고자 노력했다. 그러면서 오래된 가게의 주인들을 만나기 시작했다. 분명 색다른 경험이었다.

취재 노트를 다시 보니, 2013년 1월 1일부터 시작했다. 어느새 2년여가 지났다. 그동안 얼마나 많이 후회했는지 모른다. 오래된 가게의 취재 대상을 선정하고, 이야기를 듣고 하는 것은 그다지 어렵지 않았다. 그러나 이야기의 흐름을 따라가는 일이 여간 어렵지 않았다. 들은 이야기와 당시 인천의 도시 상황을 함께 풀어내는 일이 너무나 버거웠다. 어렵사리 구한 자료는 자료대로 서로 맞지 않는 구석이 너무나 많았다. 인천에서 20여 년을 살면서 인천에 대해 이렇게도 몰랐나 하는 생각에 부끄럽기 그지없었다. 정말이지, 한계를 실감했다. 몇 번이나 포기하고 싶었다.

그럴 때마다 오래된 가게의 나이 든 주인들이 일으켜 세워 주었다. 그동안 당신들의 인생을 글이나 말로 정리할 기회가 없었던 분들이었다. 그들은 그렇게 바쁘게 살아왔다. 내가 지금 하는 일을 여기서 멈추면 그분들은 다시금 당신들 인생을 이야기할 기회를 갖지 못할 수도 있다는 생각에 힘을 얻고는 했다. 주말의 시간을 몽땅 쓸어서 여기에 쏟아부었다.

　오래된 가게를 이야기한다면서 정작 그 가게에 초점을 맞추어 깊이 다루지는 못했다. 오히려 주인의 인생에 비중을 두었다. 인생을 간단한 행보로 사는 사람은 아무도 없을 것이다. 필자가 만난 가게 주인들의 인생도 그리 간단치 않았다. 필자의 시선은 가게 안을 향하기도 하고, 가게 안에서 밖을 향하기도 하였다. 그러다 보니 이야기 전개가 무척 산만한 감이 든다. 특정 분야의 가게를 집중적으로 소개하는 글이었다면 아마 이야기 범위를 좁혀서 깊게 다루었을 터이다. 공통점 없는 다양한 분야의 가게들로 인천이라는 도시 전체를 말하는 일이라, 산만하다는 단점에도 불구하고 이야기의 폭을 최대한 넓히려고 애썼다. 한 사람의 이야기에서 깊지는 않을지라도 되도록 많은 것을 끌어내고자 노력했다. 구술이 갖는 '기억'의 틀을 역사적 '자료'의 영역으

로 확장하고 싶었다. 그러나 필자의 역사적 이해 수준이 낮아 애를 먹었다. 이 책에 구멍 뚫린 부분이 있다면 바로 그 때문일 터이다. 그 구멍을 메워 줄 독자들의 질정을 기다린다.

작업을 마무리하는 지금 돌이켜 생각하면, 여기 등장하는 열다섯 곳 오래된 가게의 주인들을 만난 것이 그저 고마울 따름이다. 언제 가게를 그만둘지 모르는 그분들을 오래된 가게의 그 현장에서 인터뷰한 것이 행운이었다는 생각까지 든다. 그에 대한 보답이랄까, 여러모로 부족한 필자 나름대로는 이 책을 힘을 들여 썼다.

2015년 2월
정진오 삼가 씀

차례

세월을 이기는 힘 **오래된 가게**

흑백으로 남은
세월의 나이테,
교동사진관

5·16이 규정한 교동 인생

교동에서는 세월의 흐름이 그대로 쌓여 남는다. 도시의 시간은 빌딩 숲 바람처럼 빠르게 흘러 과거로 빠져나가지만, 교동의 시간은 예성강 하구의 물살만큼이나 더디다. 강 하구에서 짠물과 민물이 교차하듯 교동에서는 한자리에 과거와 현재가 공존한다. 교동은 그래서 겹겹이 포개진 시간의 나이테다.

세월호 참사 발생 열흘 만인 2014년 4월 26일, 강화 교동도를 찾았다. 오전 아홉 시에 인천시 남구 학익동을 출발했다. 두 시간이나 걸려서 강화 창후리 선착장에 도착했다. 배표를 끊고서도 50분을 더 기다리다 화개해운의 교동도행 배에 올라탈 수 있었다. 선착장은 해병대가 통제한다. 배를 타려면 신분증을 제시하고 방문 목적, 방문자 연락처 등을 적어 내야 한다. 민간인 통제선을 지나는 거다. 대한민국 땅이 아직 전쟁 중임을 실감하는 순간이다. 차량까지 포함해 뱃삯은 18,300 원이다. 사람 1명에 2,300원 차량이 16,000원. 선착장 오른편으로 강화도와 교동도를 잇는 연륙교인 교동대교가 눈에 들어왔다. 다리는 2014년 7월부터 개통한다고 한다. 이제 더는 배를 타고 교동을 드나들 수가 없게 되는 것이다. 교동에서 가장 오래된 사진관을 찾아 나선 길, 옛날 방식으로 배를 타고 가게 되어 다행이라는 생각이 들었다.

교동사진관은 대룡리에 있다. 이층집이다. 김두호(79) 할아버지는 밭에 나가 있었다. 할아버지의 집은 복합 상가나 마찬가지였다. 1층은 사진관, 2층은 당구장이다. 이층집 옆으로는 더 오래된 건물이 있는데, 예식장으로 썼던 것이다. 예식장이었다는 것은 안에서나 알 수 있다. 창고로 쓰는 건물 안쪽엔 아직도 예식 분위기를 띄우기 위한 아치형 장식이며 둥그렇고 멋스런 기둥이 그대로 있다.

김두호 할아버지가 사진을 처음 배운 것은 한국전쟁이 끝나고 얼마 지나지 않아서다. 중학교를 졸업한 뒤 인천시 동구 송현동의 미림극장 옆 '삼화사진관'이라는 데에서 심부름하면서 사진을 알게 되었다. 동구 문화극장 옆 '문화사진관'에도 있었다. 중구 내동 등지까지 몇 곳의 사진관을 더 전전했다.

할아버지가 초등학교를 졸업하던 해에 한국전쟁이 터졌다. 서울에 있는 중학교에 진학하려고 시험까지 보았던 차였다.

"전쟁이 나는 바람에 중학교는 교동에서 다니게 되었어요. 당시에 교동향교에 명륜학교라고 있었어요. 건물이 세 개가 있었는데, 거기

김두호 할아버지의 이층집

에 하나씩 들어가 3개 학년이 있었죠. 미인가였어요. 전쟁 전 초등학
교 졸업반이 네 반까지 있었고요. 남자 3학급, 여자 1학급, 이렇게
요. 250명은 넘었을 거예요.

　그때는 초등학교 졸업하면 어디 가서 이발도 배우고 그랬어요. 중

학생은 드물었죠. 전쟁이 끝나고 나서 정식 인가 받은 중학교가 읍
내리에 생겼어요."

김두호 할아버지의 말대로 교동중학교가 실제로 읍내리에 문을 연
것은 전쟁 직후다. 1959년에 나온 『경기사전(京畿事典)』에는 교동중
학교가 단기 4287년인 1954년 7월 7일 인가 받았고, 3학급에 109명
의 학생이 다녔다고 기록되어 있다. 교직원 수는 7명이었다.

김두호 할아버지는 1959년에 입대했다. 할아버지는 주한 미군 배속
한국군인 카투사(KATUSA, Korean Augmentation Troops to United
States Army)로 복무했다. 월미도에 주둔하던 미군 인천항만사령부에
주로 있었다. 당시 월미도는 민간인이 들어갈 수 없는 통제구역이었
다. 당시 월미도에는 수산고등학교와 소월미도 쪽에 있던 한국군 HID
부대만이 있었다고 한다. 교동까지 와서 월미도의 50년 전 얘기를 듣
게 될 것이라고는 전혀 생각지 못했다.

돌이켜 보면 미군과 인천의 인연은 참으로 질기게도 이어져 왔다.
그 처음은 미국 군함이 월미도 앞을 거쳐 강화를 침략한 1871년의 신
미양요다. 해방과 함께 미군이 처음으로 발을 내디딘 곳도 인천이었
다. 1945년 9월 8일이다. 이때는 미군 환영 인파를 향해 패전국 일본
경찰이 총격을 가해서 시민이 두 명이나 인천항 현장에서 사망하는 희
대의 비극이 일어나기도 했다. 그리고 곧바로 인천은 미군의 점령 하
에 놓였다. 미군정이 끝나고 잠시 철군했던 미군은 1950년 9월 15일
인천상륙작전으로 다시 인천에 발을 디뎠다. 월미도와 인천의 주요 시

가지가 집중 포격을 받아 쑥대밭이 되었다. 미군의 이 작전은 전쟁의 양상을 일거에 뒤집었다. 비록 인천은 크나큰 피해를 입었지만, 대한민국은 그 인천의 피해를 발판 삼아 일어선 형국이 되었다. 그 뒤로는 인천에서 한시도 미군이 떠난 적이 없다. 2014년 말까지도.

해방 이후 아주 잠깐을 제외하고는 지금까지 죽 붙어 있는 인천의 미군 부대 모습을 알게 해 주는 증언은 의외로 많지 않다. 그중에서도 한국전쟁 이전의 인천 지역 미군 부대 이야기는 특히나 낯설다. 해방 직후 초대 인천시립박물관장을 지낸 이경성(1919~2009)의 회고에 그 미군들이 잠깐 비친다.

해방 후 인철은 해양대학교의 영문과 교수로 지냈다. 그는 인천 만석동에 있는 미군 부대에 자주 들러 흑인 병사들과 만났다. 나도 한번 그 부대에 들러 그가 가까이 지내고 있는 많은 흑인 병사와 인사한 적이 있다. 이 무렵 배인철은 흑인 문학에 심취해서 '흑인 권투 선수 조 루이스에게 바치는 노래'라는 시를 써서 중앙 문예지에 발표하기도 하였다.

— 『아름다움을 찾아서』(이경성, 삶과 꿈, 2002)

이경성은 '흑인시'라는 장르를 개척한 배인철과 친구 사이였는데, 배인철은 1947년 5월 남산에서 괴한의 총격을 받고 사망했다. 따라서 이들이 만석동 미군 부대에 드나들던 때는 1946년 즈음일 것이다. 당시 인천 만석동에 있던 미군 부대에는 흑인 병사들이 많았으며, 배인철이나 이경성 등의 인사들과 그 흑인 병사들 사이에 깊은 교유가 있었던 것을 알 수 있다. 부대 안에까지 일반인이 드나들었다는 점이 다소 이채롭다. 동구 만석동은 월미도가 있는 중구 북성동과 마주보고 있다. 한국전쟁 전의 이야기이다.

그 13년여 뒤, 김두호 할아버지가 카투사로 인천 월미도의 미군 부대에 근무했다. 그 당시와 가장 비슷한 시기의 미군 부대 이야기는 오정희의 『중국인 거리』에 뚜렷이 묘사되어 있다.

러닝셔츠 바람의 미국 병사들이 부대 안의 테니스 코트에 모여 칼 던지기를 하고 있었다. 동심원이 그려진 과녁을 향해 칼은 은빛 침처럼, 빛의 한순간처럼, 날카롭게 빛나며 공기를 갈랐다.

휙휙 바람을 일으키며 휘파람처럼 날아드는 칼이 동심원 안의 검은 점에 정확히 꽂힐 때마다 그들은 우우 짐승 같은 함성을 질렀고 우리는 뜨거운 침을 삼키며 아아 목젖을 떨었다.

목표를 정확히 맞히고 한 걸음씩 물러나 목표물과의 거리를 넓히며 칼을 던지던 백인 병사가, 칼이 손 안에서 튕겨져 나오려는 순간 갑자기 발의 방향을 바꾸었다. 칼은 바람을 찢는 날카로운 소리로 우리를 향해 날았다. 우리는 아악 비명을 지르며 철조망 아래로 납작 엎드렸다. 다리 사이가 뜨뜻하게 젖어 왔다. 그리고 잠시 후 고개를 들어 킬킬대는 미군의 손짓이 가리키는 곳을 하얗게 질린 얼굴로 바라보았다. 우리의 뒤 두어 걸음쯤 떨어진 곳에서 가슴에 칼을 맞은 고양이가 네 발을 허공에 쳐들고 반듯이 누워 있었다.

화초를 돌보는 김두호 할아버지

하인천에 살던 어린아이들에게 미군은 호기심의 대상일 수밖에 없었다. 살금살금 부대 철조망까지 몰래 다가가 미군들은 어떻게 생활하는지 들여다보고는 했다. 혼자서는 도저히 엄두가 나지 않는 일이었다. 그 어린아이들에게 미군은 여전히 무서운 존재였다. 그런 미군이 아이들이 맞을 수도 있는 곳으로 칼을 던졌다. 혹시라도 아이들을 고양이쯤으로 여겼던 것은 아닐까. 그래서인지 아이들은 철조망 밖에서 엿보던 일을 들키기라도 하면 무슨 잘못이라도 한 듯이 삼십육계 줄행랑을 놓고는 했다.

1947년생 작가 오정희의 초등학교 5학년 시절이니 때마침 교동사진관 김두호 할아버지가 월미도 미군 부대에 근무하던 그 시절이다.

당시에 미군이 우리를 어떻게 대하든 한국 사회에서는 미군이 동경의 대상이었다. 할아버지는 제대해서도 미군 부대에 근무하기를 원했다. 1961년 6월 제대 특명을 받고도 5·16으로 인해 2개월이나 지난 8월에 제대해야 했다. 월미도 부대에서 알게 된 미군 장교에게 부탁했다. 서울의 우면산 자락 미군 부대에 군속으로 취직할 수 있었다. 그런데 자신의 제대를 2개월이나 늦춘 바 있던 5·16이 난데없이 이번에는 아예 교동으로 불러들여 눌러앉게 했다. 시골 교동에서 중학교 교사로 있으면서 집안을 돌보던 사촌 형님이 갑자기 도회지 학교로 전근하는 바람에 집안 돌보는 일을 대신 맡아야 했던 것이다. 당시 5·16 주도 세력이 사회 정화 차원에서 전국 학교 교사들의 지역별 순환 근무를 실시했다고 한다. 시골 학교 근무자를 도시로, 도시 학교 근무자를 시골로 바꾸어 배치한 것이다. 김두호 할아버지의 교동 인생은 어쩌면 5·16이 규정한 셈이다.

40년 된 이층 당구장엔 모처럼 손님이 들고

　　　　그렇게 교동으로 온 할아버지는 이듬해인 1962년 교동에 사진관을 내게 되었다. 당시에 교동에는 피란민이 경영하던 사진관이 하나 있었다. 할아버지의 사진관은 교동에서 두 번째로 생긴 사진관이었다. 그 뒤로 몇 군데가 더 생겨났었다. 지금은 교동사진관을 빼고는 다 문을 닫았다. 그때 카메라는 정말 드라마에서나 볼 수 있는 구식이었다. 사진관을 하면서 교동의 중고등학교 졸업 앨범을 맡아서 하기도 했다. 시간이 가면서 학교에 학생 수도 줄고, 디지털카메라까지 생겨나면서 앨범이 시들해져 그만두었다. 사진관을 열고 몇 년 지나지 않은 1965년께에는 예식장도 차렸다. 교동 최초의 예식장이었다. 교동초등학교가 옛 건물을 헐고 새로 지을 때 그 옛날 자재를 구해서 지었다. 사진관과 예식장은 잘 어울렸고 장사도 제법 되었다. 하루에 다섯 쌍씩 결혼식을 올리던 때도 있었다. 당시에는 주말에만 하는 게 아니라 날을 받아서 평일 주말 가리지 않고 좋은 날 식을 올렸다. 1974년에는 당구장까지 개업했다. 동네 젊은이들의 부추김에 그만 넘어가 당구장을 열었다. 역시 교동에서 처음이었다. 그런데 얼마 지나지 않아 여기저기 당구장이 생겨났다. 예식장은 뷔페가 유행하던 때에 그만두었다. 농협에서까지 예식장을 했으니, 개인이 버틸 형편이 안 되었다.

　사진관 근처에 나가 점심 식사를 같이 하고 왔더니 40년 된 2층 당구장에 마침 손님이 들어 있었다. 당구장 안에 연락처와 함께 써 놓았다. '1시간 만 원'. 주인이 없어도 손님들이 당구를 치다가 알아서 계산하고 가면 된다. 당구대는 4개가 놓여 있다. 개인 큐 보관대도 따로 있었다. 지금 이 보관대에 큐를 맡기는 사람은 아무도 없다. 교동 대룡리에서는 40년이 지났어도 최신식이다. 여기 한 곳밖에는 없기 때문이다.

　김두호 할아버지가 타는 차며 오토바이며 다 오래된 것들이다. 사륜구동 차량은 1990년에 현금 1,100만 원을 주고 산 것이다. 24년째 탄다. 오토바이는 아직도 '경기도' 번호판이 붙었다. 강화도가 경기도에서 인천으로 편입된 지가 2015년이면 20년이다.

　문을 연 지 50년이 넘은 교동사진관에서는 아직도 카메라 셔터가 터

진다. 주로 증명사진이다. 즉석에서 사진을 빼 달라고 하는 사람도 있다. 요즘에는 그런 필름을 구하기도 어렵다. 작년인가 재작년인가, 서울 가서 즉석 필름 100명분을 사왔다. 이제 한 40명분 남은 것 같다.

시간이 그대로 내려앉은 곳에서

김두호 할아버지와 동네를 한 바퀴 돌았다. 곳곳이 오래된 가게였다. 마을의 중심인 대룡시장은 고포(古舖)들의 집합소다. 아니, 대룡시장 통째로가 오래된 가게다. 이발소며 철물점이며 정육점이며 빵집이며 식당이며 여인숙이며 어디 하나 오래되지 않은 곳이 없다. 온갖 물건을 파는 만물상이 더 어울릴 화장품 가게는 아흔여

섯 이창열 할아버지 부부가 한다. 부부는 꼼짝 않고 하루 종일 그 좁디
좁은 가게를 둘이 붙어 앉아 지킨다. 가게 마루 밑은 오래된 작은 아궁
이다. 겨울에는 춥지 않고 장마철에는 눅눅하지 않아서 좋다. 이들 노
부부는 전쟁 통에 피란 나와 입때껏 한자리를 지키고 있다.

그 대룡시장 골목, 다방 옆의 '연안정육점'도 할 이야기가 많은 집이
다. 주인은 최덕권(77) 할아버지다.

할아버지는 열세 살 때 황해도 연백군 연안읍에서 이곳 교동으로 피
란을 나왔다. 어머니는 피란 나오던 중 돌아가셨고, 아버지도 교동에
자리 잡고 3년쯤 뒤에 돌아가셨다. 어린 나이의 4남매만 남겨졌다. 할
아버지는 그때부터 정육점을 했다. 아버지가 교동에 오면서부터 하던
일을 자연스럽게 이어받은 것이다. 당시에는 정육점이라는 것이 별 존
재감 있는 가게가 아니었다. 냉장고가 없어 따로 보관할 수도 없었고,
그때는 다들 동네에서 알아서 소며 돼지를 잡아서 먹고는 했다. 도살
장이 따로 있는 것도 아니었다. 그러다 1960년대 초반에야 면사무소
에서 도살장을 지어서 거기에서만 잡게 했다.

교동에 전기가 들어온 게 1970년대 초반인데, 그 10여 년 전부터 냉
장고를 썼다고 한다. 냉장고는 자가 발전기로 돌렸다. 지금 쓰는 냉장
고도 한 20년은 되었을 것이란다.

교동의 정육점은 육지에 비해 이익이 박하다고 했다. 고기를 싣고
다니는 냉동차 운반비와 뱃삯으로 10만 원을 따로 주어야 하기 때문
이란다. 15년 전쯤부터 그 냉동차에서 고기를 받아서 판다.

최덕권 할아버지는 냉장고가 없던 시절이 더 좋았다고 했다.

"오래 두고 먹을 수가 없으니 그날그날 팔아야 하는 시절이었어. 그때는 이웃끼리 서로 나누어 먹고 하던 정이 많았어. 지금은 사람들이 다 깍쟁이가 되어서 인정이 메말라 있어."

할아버지는 그러면서 세월호 참사와 관련한 요즘 어른들의 잘못된 세태를 나무랐다.

"옛날 어른들 같았으면 자기가 죽더라도 어린애들은 건졌어. 어린

애를 두고 어딜 가. 내가 피란 나올 때
는 목선에 돛단배였는데, 그때도 애들
부터 먼저 태웠어. 그게 원칙이야, 그
게. 지금 사람은 그게 없는 것 같아."

김두호 할아버지와 최덕권 할아버지
가 살아온 시절은 이곳 교동 땅에 그대
로 내려앉아 있다. 그 세월의 흐름이 다
른 어느 곳보다 더디다.

교동은 소가 되새김질하듯이 시간을
되새김할 수 있는 곳이다. 전쟁 이후의
시간만 그런 게 아니라 더 깊은 곳에 머
무는 시간까지도 불러낼 수 있다.

고려의 대문호 목은(牧隱) 이색(李穡,
1328~1396)이 어릴 적 교동 화개산 아
래에 살면서 교동의 풍광을 시로 읊었다
는데, 필자는 그 나이에 이색을 모신 충
남 서천의 '문헌서원'에 소풍을 가고는
했었다.

고구려와 고려의 이야기를 간직한 화
개산과 화개사를 이야기하지 않더라도
교동은 역사의 섬이다. 교동도는 고려

교동읍성 남문

시대부터 조선 시대까지 특히 왕과 왕족의 유배지로 유명하다. 최충헌에게 쫓겨난 고려의 21대 왕 희종(1181~1237)부터 조선의 10대 연산군(1476~1506), 15대 광해군(1575~1641) 같은 왕들의 자취가 아직도 교동에는 서려 있다. 또한 안평대군, 임해군, 영창대군, 능창대군, 승선군, 익평군 등 11명의 왕족이 이곳 교동도에서 귀양살이를 했다. 교동은 그렇게 누구에게는 비운의 섬이었고, 누구에게는 업보의 섬이었다.

　뱃터로 나오는 길에 교동읍성에도 들렀다. 어느 집의 대문처럼 비치기도 한 그 아치형 남문, 여운이 오래 남았다.

최고령 대장장이의
망치질 소리,
인일철공소

부서진 노(爐)를 새로 바르며

우리는 가장 기본적인 것을 하찮게 여기는 경향이
있다. 생각해 보면 그런 경우는 의외로 많다. 공기의 소중함을 잊고 산
다는 말은 너무 진부하기까지 하다. 손가락을 살짝만 다쳐도 여간 불
편한 게 아니다. 우리는 그때에야 비로소 그것이 얼마나 귀한 존재였
는지 깨닫는다. 무슨 일을 하건 도구 없이는 해낼 수 없다. 도구는 어
떤 일을 함에 있어 기본이 된다. 그러나 그 도구를 만드는 사람이 그
기본의 중요함만큼 대우받지 못하고 있다.

농사를 짓건 공장을 돌리건 갯벌에서 조개를 캐건 가장 기초가 되는
것은 연장이다. 그 연장을 만드는 곳이 대장간이다. 그러나 우리는 대
장간을 소중히 여기지 않는다. 대장장이는 늙어 가고 일을 배우는 사
람은 없다. 자꾸 문은 닫는데, 다시 열 사람이 없다. 대장간이 우리 사

회에서 사라지고 있다. 기본이 사라져 가고 있다.

인천은 공업도시여서 공장이 많고, 항구도시여서 배가 많다. 섬이 많으니 어민도 많다. 그런가 하면 농토도 꽤나 된다. 인천은 사람만 전국 팔도 출신들이 섞여 사는 게 아니라 경제구조 또한 다양한 분야가 함께 어우러져 있는 복합 도시이다. 인천의 대장간은 그만큼 다양한 연장을 만들 수 있다. 닻과 같은 배를 구성하는 기본 장비부터 크고 작은 공장들에서 쓰는 각종 도구며 농사나 어업에 필요한 기구들까지 다 만든다. 전국의 대장장이들이 실력을 겨룬다면 못 만드는 게 없는 인천의 대장장이가 최고일 수밖에 없다. 그 인천의 대장간이 이제는 다섯 손가락으로 꼽기에도 부족할 지경이다. 일을 배우려는 젊은 사람이 없다. 일감도 단가가 싼 물 건너 중국의 대장간에 빼앗긴 지 오래다. 저 외진 섬 아낙네의 굴 따는 손에도 중국산이 쥐어 있는 판이다. 우리의 대장간이 다 문을 닫고 말았을 때 우리는 기본 연장도 내 손으로 만들지 못하는 사회에서 살게 된다. 우리 사회는 기본이 흔들리면 안 된다는 평범한 진리를 언제까지 더 외면할 것인가.

인천에 대장간 몇 곳이 모여 있는 곳이 있다. 중구 도원동 참외전로 대로변 철물점이 죽 늘어선 거리다. 여기에 못 만드는 게 없다는 그 인천의 대장간 네 곳이 남아 아직도 노(爐)에 불을 끄지 않고 있다.

그중 '인일철공소'가 가장 오랜 세월 인천의 대장간 노릇을 한 축에 든다. 대장간은 송종화 할아버지 혼자서 지키고 있다. 기온이 갑자기 떨어지고 찬바람이 불던 2014년 11월 14일 오후, 대장장이 할아버지는 모루 위에서 쇠를 두드리는 대신에 황토 흙을 비비고 있었다. 부서

인천의 대장간에서는 못 만드는 것이 없다.

진 노를 새로 바르기 위해서였다. 노에 흙이 제대로 붙어 있지 않으면 바람이 새기 때문에 불을 피워도 쇠를 필요한 만큼 달굴 수 없다고 했다. 모처럼 대장간이 조용한 날이기도 했다. 두 번이나 왔었는데 몇 시간씩 그냥 지켜보다 돌아갔었다. 일이 바빠서 쉬면서 이야기를 할 수도 없었고, 일하면서는 시끄러워서 말소리가 들리지 않았다. 그래서 문을 닫을 때쯤이면 시간이 나지 않을까 하고 기다렸는데, 그때마다 마침 약속이 있다고 해 인터뷰 기회를 얻지 못했었다.

송종화 할아버지는 1938년생 무인년(戊寅年) 호랑이 띠이니 우리가 쇠는 나이로 일흔일곱 희수(喜壽)다. 할아버지가 대장장이의 길로 들어선 것은 한국전쟁이 끝나던 1953년이다. 열여섯일 때다. 부모님이 전쟁 무렵에 다 돌아가시는 바람에 초등학교만 졸업한 어린 나이였지만 먹고살 길을 스스로 찾아야 했다. 그래서 찾아간 곳이 지금 자리에서 멀지 않은 도원동 '황곡철공소'였다.

"그때 어디 공장이 있나요. 뭐가 있어야지요. 먹고살기는 해야 하고 그냥 대장간에 갔어요. 그렇게 해서 이 일을 배우게 된 거예요."

6년가량 '황곡철공소'에서 대장간 일을 배운 송종화 할아버지는 1959년 군대에 입대했고, 제대한 뒤에는 대장장이가 싫어서 이것저것 다른 일을 했다. 부동산에도 손을 댔다가 쫄딱 망한 적도 있다.

"차지철(박정희 대통령 경호실장)이 경기도 성남에서 국회의원 할 때

나도 성남에 살면서 부동산을 했었어요. 순식간에 큰돈을 벌 수 있는 일이었지요. 근데 다 들어먹었어요."

1973년쯤이다. 결론은 다시 대장간이었다. 인천에서 다시 대장간을 하려고 하던 그때는 인천역 쪽에 있던 부두와 어시장이 연안부두로 옮겨 갈 때였다. 연안부두에 철공소를 냈다. 닻 같은 배 관련 일이 많으리라고 생각했다. 그러나 일이 신통치 않았다. 빚만 지고 말았다.

인천의 대표적 대장간 거리는 지금 자리 건너편이었다. 할아버지가 연안부두에서 자리를 옮긴 곳이었다. 경인전철 제물포역부터 동인천역까지는 대로변으로 철길을 따라 쭉 상가가 형성되어 있었다. 남구의 목공예 거리처럼 지금도 일부 남아 있기는 하다. 그런 모습으로 도원역 앞쪽에서 배다리까지 일명 철공소 거리였다. 철공소와 고물상이 많았다. 철공소 거리에 새로 자리를 잡은 지 몇 년 안 되어 경인전철 복선 공사 때문에 터를 내주어야 했다. 다들 흩어졌다. 거기 있던 사람들이 숭의동 공구상가를 이루었다. 많은 사람들이 숭의동 공구상가에서 다시 일어섰다. 1976년, 송종화 할아버지는 숭의동 공구상가로 가지 않고, 철길 맞은편 선반(旋盤)을 하던 집이 나가자 그 조그만 이층집을 사서 왔다. 바로 지금 자리다. 여기서만 38년이 되었다.

할아버지는 물론이고 지금의 철공소 거리에 있는 대장간 네 곳은 모두 혼자서 한다. 대장간, 혼자서 일한다는 것을 상상하기 어렵다. 무거운 것을 다루기 때문에 힘이 많이 든다. 쇠를 자르고 달구고 담금질하고, 공정도 복잡하다. 얼핏 생각해도 일손이 많아야 할 듯하다. 옛

그림을 보아도 한 대장간에 5~6명은 일한다. 18세기 우리 풍속을 리얼하게 그려 낸 단원 김홍도의 대장간 그림에도 다섯 명이 등장한다. 한 사람은 모루 위에 달구어진 쇳덩이를 올려놓고 집게로 잡고 있고 둘은 메로 친다. 한 사람은 노(가마)에 풀무질을 한다. 나무하러 가던 길에 무뎌진 낫을 갈려고 들른 것인지, 지게를 벗어 놓은 젊은이가 낫을 숫돌에 갈고 있다. 대장간에는 낫 가는 청년을 빼더라도 네 명이 필요하다.

국제적으로 잘 알려진 19세기 한말의 풍속화가 기산(箕山) 김준근(金俊根)의 '가마점' 그림은 가마솥 전문 대장간 모습을 담았는데, 풍무를 밟는 사람, 불을 보는(혹은 넣는) 사람, 가마솥 거푸집에 쇳물을 붓는 사람이 각각 두 명씩이다. 가마솥 대장간에는 여섯 명이 필요하다는 이야기다. 대장간 일은 이처럼 옛날부터 분업화되고 또 협업화되어 있다. 지금이야 예전과 달리 풍무질도 전기 모터가 하고, 망치질하는 기계도, 프레스 기계도 있기는 하지만 혼자서 대장간 일을 다 하기는 아무래도 벅차 보인다. 하지만 어쩌겠는가. 일하려는 사람이 없는걸.

대장간 일은 교본이 없어

"대장간 일이라는 게 배운다고 다 대장장이가 되는 것이 아닙니다. 이 일은 손재주도 있고 눈썰미도 있고 머리도 있고 해야 합니다. 다른 분야 일에는 교본이라는 게 있지만 우리 대장간 일에는 교본이 없어요. 그 수많은 것이 다 다르게 되는데 어떻게 교본이 있겠어요. 눈썰미로 하는 거예요."

60년 대장장이 송종화 할아버지는 대장간 일은 죽을 때까지 배워도 다 못 배운다고 했다. 대장간 일은 손님이 물건을 들고 와 해 달라고 하는 대로 해야 하는 것이라 계속해서 새로운 게 생긴다는 것이다. 지난번에는 몇 십 미터 높이의 나무에서 자라는 겨우살이를 채취하는 도구를 만들어 달라는 이가 있어서 그것을 만들고 있었다. 손님은 낚싯

줄에 매달아 던질 수 있도록 특수 고리를 요구했었다.

대장간은 주 종목이 있는 게 아니라 언제든지 손님이 만들어 달라고 하는 것을 요구대로 만들어 내는 것이 중요하다고 했다. 그래서인지 대장간에서는 새로운 세상 읽기가 가능하다. 손님들의 요구 사항이 다 다르기 때문이다.

다 같은 인천의 갯벌인데도 낙지 잡는 도구가 지역에 따라 다르다는 것도 대장간에서 물건을 보고서야 알았다. 같은 호미를 쓰더라도 그 모양새가 달랐다. 낙지잡이에는 호미, 쇠스랑, 삽 들을 쓴다고 했다. 호미도 영흥·대부도에서 쓰는 것과 송도에서 쓰는 것, 영종에서 쓰는 게 다 달랐다. 강화에서는 두 발 쇠스랑으로 낙지를 잡는다.

인천에는 목재공장이 많은 만큼 큰 나무를 들어 올릴 때 쓰는 도구들이 다양하게 필요했고, 낚시 관련 기구들도 수요가 많았다. 민물장어 잡는 작살이 별나게 생겼다는 것도 '인일철공소'에 와서야 알았다.

지난번에 왔을 때에는 대형 삼지창이 있었는데 어디로 가고 없었다. 무속인이 주문했던 것이라고 했다. 무속인들이 의외로 대장간을 많이 찾는다. 창이며 칼이며 작두 같은 도구들을 무속인들이 주문한다고 한다. 마침 밖에 있던 두 개의 작은 작두는 한약방에서

쇠를 불에 달구는 송종화 할아버지

쓸 것이라고 했다.

송종화 할아버지의 주특기는 작두라고 한다. 불에 구워 만드는 대장
간 물건은 모든 게 담금질이 제일 중요하단다. 아무리 모양을 잘 내도
담금질이 잘 안 되면 쇠가 물러져 찌그러지거나 딱딱해져 부러지거나
한다는 것이다. 그래서 불에 달구어진 쇠를 물에 담금질하는 게 대장
장이의 수준을 평가하는 척도라고 했다. 할아버지의 담금질 솜씨는 어
느 정도일까. 그는 국내 최고 수준임을 자부했다. 특히 작두를 만드는
솜씨는 따라올 자가 없을 것이라고 했다.

처음 인일철공소를 찾았을 때 할아버지는 낫을 담금질하고 있었다.
어릴 적 시골에서 보았던 영락없는 그 육철낫이었다. 달구어진 낫을
그냥 물에 푹 담그는 게 아니었다. 날의 앞이냐 안쪽이냐에 따라 물에
먼저 넣는 순서가 달랐고, 그것도 깊이 넣는 게 아니라 살짝살짝 물수
제비뜨듯이 스치며 담금질했다.

담금질은 쇠의 종류가 무엇이냐에 따라 달리 해야 한다. 굵은 나무
를 찍어 낼 때 쓰는 육철낫은 철도 레일로 만들면 좋다고 한다. 레일이
가진 쇠의 성질이 강하면서도 유하기 때문이다. 할아버지가 장기로 여
기는 작두는 자동차 스프링으로 만들어야 제격이라고 했다. 자동차 스
프링 쇠가 단단하기 때문이란다.

을지로 대장간 골목도 인천 대장장이들이 일군 것

인일철공소에서는 인천의 제조업 상황까지도 살필

수 있었다. 작년까지만 해도 지금처럼 작은 물건을 만들지는 않았다고 한다. 공장들이 주문하는 큰 것들만 하기에도 벅찼기 때문이다. 그런데 올해부터 공장 일이 많이 끊겼다. 전에는 인천제철 등과 같은 대형 공장에서 주문하는 큰 볼트 같은 것도 만들었다. 이제 다 지난 일이 되었다.

"인천에 있던 공장들이 다른 데로 다들 나갔어요. 그 일거리가 없어진 겁니다. 이렇게 고전한 적이 없어요. 그래서 올해부터 잔일을 하는 거고요. 먹고살아야 하니까요, 허허."

인천의 대장간은 일본의 영향도 받았음 직하다. 일제강점기에 중국 대륙 침략을 위한 군수물자 생산 기지였던 일본 육군 조병창이 바로 인천 부평에 있었는데, 거기서 일하던 사람들이 해방 후 인천에서 철공소를 냈을 것이기 때문이다. 송종화 할아버지도 조병창 이야기를 했다. 부평 조병창에서 일하던 인력과 장비의 일부가 인천 지역 대장간으로 흘러들었을 것이란 이야기였다.

조병창이 아니더라도 일본인들은 일찍부터 인천에서 철공소 사업을 벌였다. 일본인들이 1933년에 펴낸 『인천부사(仁川府史)』에 언급되어 있는 것처럼 1890년대부터 오쓰카철공장(大塚鐵工場)과 아리키철공장(在木鐵工場) 등의 철공소가 인천에 들어서기 시작했다. 그렇게 영업을 시작한 일본인들의 철공소는 공장이나 선박에 필요한 부품의 제조나 수리를 맡았던 듯하다. 『인천부사』는 특히 오쓰카철공장과 아리키철

달군 쇠를 모루에 올려놓고 두들겨 모양을 잡고 있다.

공장 등의 수준을 '대장간(鍛冶屋)' 정도라고 표현해, 이름은 '철공장'이라고 붙였지만 규모 면에서 본격적인 '공장' 수준은 아니었음을 설명하고 있다.

인일철공소 송종화 할아버지는 대장간 용어를 쓰면서 우리 것과 일본말을 혼용하고 있었다. 철공소 한가운데 있는 큰 쇳덩이가 무엇이냐고 했더니 '머루'라고 했다. 달군 쇠를 올려놓고 두드릴 때 받침으로 쓰는 쇳덩이를 일컫는 우리말인 '모루'를 그렇게 부르는 것이었다. 처음 배울 때부터 그렇게 들었던 것이다. 대장간에 교본이 없다는 말이 실감이 났다. 하지만 담금질하는 열처리 과정은 일본말로 '야끼(야키, やき)'라고 칭했다. 말이 섞였다는 것은 기술이 섞였을 수도 있다는 말이다. 조선 시대 이전부터 있었다는 '야장(冶匠)'의 기술이 오롯이 지금의 대장장이들에게까지 전수된 것은 아닌 것이다.

신태범(1912~2001) 박사가 1983년에 펴낸 책『인천 한 세기』에서도 일제강점기 인천의 대장간 풍경이 그려진다.

당시 쇠붙이를 다루는 곳은 대장간뿐이었다. 해방 후까지 애관(愛館) 아래 최씨대장간은 오랫동안 많은 사람의 눈에 띄었을 뿐 아니라 도끼, 칼, 호미, 낫 등 솜씨로도 유명했다. 변두리에도 몇 집이 있었는데 대장간 앞에 황소를 묶어 놓고 편자를 박던 광경은 어린이들의 한 구경거리이기도 했다.

그러던 차에 출입하는 소형 선박과 공장이 늘게 되어 30년대에는 한국 사람에게도 철공소를 차릴 기회가 돌아왔다. 일본 대판(大阪)에서 공업학교를 마친 후 그곳에서 기술 연마를 하고 돌아온 이하영 씨(84, 서울)가 해안동에 금성철공소를 개업하여 곧 경인조선 등 일인 철공소를 누르고 선박 수리 분야에서 단연 일인자가 되었다.

그후 해안동에 항구철공소, 칠복철공소 등이 늘어났다. 해방 후 요업계(벽돌 제조)로 진출한 차대열은 송월동에서 대복철공소(製罐 전문), 사회운동에 전념한 김태룡은 신흥동에서 세기공업소(볼트 너트 전문)를 경영하여 성공을 거둔 이색적인 철공계의 인재였다.

철공소는 기술 분야였으므로 정미소와 양조장보다 자본과 시설이 훨씬 소규모여서 사회의 이목을 끌 정도는 아니었다.

일본인들의 독무대이던 철공업 분야에도 1930년대 들어 한국인들의 진출이 이어졌으며, 한국인 일부는 일본 현지에서 기술을 배웠고, 그 한국인과 일본인 철공소 사이의 경쟁이 치열했음을 알 수 있다. 양준호 인천대 교수가 '1936년 판 인천상공인명록'을 근거로 2009년에 펴낸 『식민지 시기 인천의 기업 및 기업가』란 책의 '단야(鍛冶), 철공업' 부분에 따르면, 당시 인천에는 아홉 개의 대장간이 있었는데 그중 다섯 곳이 일본인 소유였고, 조선인 소유는 네 곳이었다. 특이한 점은 영업세액 면에서 조선인 두 명이 나란히 1~2위를 차지한 것이다. 그런 경쟁 때문인지는 몰라도 전국에서 인천의 대장간 기술이 최고일 것이라고 송종화 할아버지는 확신했다.

"서울서 대장간 일을 배운 사람은 인천서 일 못 해도, 인천서 대장간 일을 시작한 사람은 서울 가서도 합니다. 서울의 유명하던 을지로 대장간 골목도 인천의 대장장이들이 일군 것이거든요."

한국전쟁 때 이북 출신 대장장이들이 인천으로 많이 피란 나와서 살았는데, 그들이 서울로 가서 낸 것이 을지로 대장간이라고 했다.

어느새 흙 바르는 일이 끝났다. 다시 불꽃을 피울 인일철공소의 작은 노가 새롭게 태어났다. 날은 어둑어둑해졌다. 늘 하던 대로 택시를 타고 퇴근하겠다는 할아버지를 굳이 제물포역 근처 수봉산 자락의 집까지 태워 드렸다. 할아버지가 태어난 곳은 지금 집과 멀지 않은 제물포역 부근이라고 했다. 당신 자신은 인식하지 못하고 있었지만, 태어난 동네에 살면서 처음 배운 대장간 근처에서 아직도 대장간 일을 하고 있는 것이다. 할아버지는 공교롭게도 60년 전 그대로인 출퇴근 거리를 오가고 있었다. 차에서 내리는 송종화 할아버지의 뒷모습을 보면서, 저분이 더 늙기 전에 '전국 대장장이 경연 대회' 같은 것이 있었으면 좋겠다는 생각을 했다. 📝

한국 화교
백 년의 꿈,
복래춘

차이나타운에 봄은 오는가

과연 봄은 오고 있었다. 90여 년 전 중국 산둥에서 한반도의 서울까지, 다시 서울에서 인천으로 이주하면서 중국 전병(煎餅) 장사를 벌인 화교(華僑)의 꿈이 손자 대에서 봄꽃처럼 피어나고 있었다.

인천 차이나타운의 주말은 발 디딜 틈이 없을 정도로 사람으로 북적댄다. 평일 점심때도 중국 음식점마다 자리가 없을 만큼 손님들이 많다. 학생들이 단체로 오기도 하고, 인천에 온 중국인 관광객이라면 꼭 들러 가는 곳이기도 하다.

인천시 중구 선린동 화교학교 맞은편에 중국 전통 과자를 파는 가게 '복래춘(復來春)'이 있다. 화교학교 앞거리는 저쪽 너머 음식점 거리처럼 시끌벅적하지는 않다. 복래춘 역시 그 음식점들에 비하면 손님들이

차이나타운의 복래춘 제과점

줄을 서서 기다리지도 않고 직원이 주차를 대행해 주지도 않는다. 지나다가 그냥 한번 들러서 이것저것 구경하고 맘에 드는 게 있으면 한 봉지에 천 원, 천오백 원 하는 과자를 살 뿐이다. 그런데 이 조용한 가게 복래춘이 한국 화교의 살아 있는 역사다. 주인장 곡회옥(曲懷玉) 씨는 그 역사의 산증인이다.

'복래춘'이란 가게 이름은 곡회옥 씨의 할아버지와 아버지가 서울에서 하던 가게를 접고 1951년 인천에 새로 가게를 내면서 지은 것이다. '봄은 다시 온다', 즉 호황을 다시 누리자는 뜻이었다. 곡 사장은 서울에서 잘나가던 시절을 다시 찾자는 뜻이라고 했는데, 1883년 제물포 개항 직후 인천 상권을 장악했던 화상(華商)들의 호시절을 염두에 둔 듯싶다.

곡회옥 사장의 할아버지 형제가 한국에 자리를 잡은 것은 1920년대 초반 서울 소공동이었다. 중국 내전의 소용돌이를 피해 집안이 흩어졌고, 할아버지는 한국에 터를 잡게 된 것이었다. 곡회옥 씨는 1922년이나 1923년쯤일 것이라고 했다. 중국인들이 필요로 하는 온갖 물건을 파는 잡화점이었다. 거기에 전통 과자와 빵 등을 파는 과자점도 겸했다고 한다. 이름은 '유성항(裕成恒)'이라 했다. 중국인들이 한국에 이주해 주로 한 일은 잡화점이나 비단 장사, 가마솥 장사, 농사 등이었다. 농사도 당시 한국에서는 하지 않던 땅콩 농사가 많았다. 중국의 전통 과자는 땅콩기름으로 만든다고 한다. 곡회옥 사장의 집안은 결국 우리나라에 제과점이라는 개념조차 낯설던 시절에 과자와 빵을 만드는 제과업을 시작한 셈이다.

곡 씨는 한국전쟁이 나던 1950년에 서울에서 태어났다. 그가 만 한 살 때 인천으로 자리를 옮겼다. '유성항'을 다른 사람에게 넘기고 온 것이었다.

'복래춘' 원래 자리는 옛 공화춘 뒤편이었다고 한다. 서울에서 하던 대로 잡화점과 제과점을 겸했다. 복래춘이 문을 열었을 때 인천 중국인 거리에는 복래춘과 같은 제과점이 없었다고 한다. 지금 있는 자리로 이사한 때는 1961년이었다.

곡회옥 사장이 어린 시절을 보낼 당시만 하더라도 인천 차이나타운은 말 그대로 중국인 거리였다. 중국인들의 동네에서 한국인은 찾아보기 어려웠다. 곡 사장은 한국에서 태어났으면서도 한국말이 서툴다. 중국말이 더 편하다. 어릴 때 한국 사람을 대할 기회가 없었기 때문이다. 인터뷰를 할 때도 간혹 한자로 필담을 나누어야 할 지경이었다. 아니면, 서울 부근인 양평의 화교 부잣집에서 태어나 어릴 때부터 한국인들과 섞여 지낸 부인 유서지(劉書芝, 61) 씨가 통역 아닌 통역을 해 주기도 했다. 차이

CCTV녹화중

4대에 걸친 가계도를 설명하고 있는 곡회옥 사장

나타운에 사는 노인 화교들은 한국말을 잘 모르는 경우가 대부분이다. 그나마 곡 사장은 한국말을 잘하는 편에 속한다.

중국인 거리는 말만 그런 게 아니라 실제로 중국인 자치구였다. 1959년 발간된『경기사전(京畿事典)』은 인천의 공공 기관 아홉 곳 중 한 곳으로 '인천화교자치구(仁川華僑自治區)'란 단체를 올려놓았다. 인천 개항 직후 중화회관(中華會館), 중화상회(中華商會) 등에서 출발해 중화자치구란 조직으로 발전했다고 풀이해 놓았다.『경기사전』을 만들 당시에는 5대 구장(區長) 우홍장(于鴻章)과 부구장 임풍년(林豐年)이 자치구를 이끌고 있었다.

곡회옥 사장의 머릿속에는 어릴 적 동네 모습이 아직도 선하다. 목수며, 미장이며, 이발이며, 중국인들이 살아가는 데 필요한 기본 요소는 동네에서 자체적으로 해결할 수 있을 만큼 다양한 가게들이 있었다. 이발소는 세 곳이나 되었다. 곡 사장은 그중 두 곳의 이름은 아직도 기억한다. 화청지(華淸池)와 문명이발관(文明理髮館)이다. 화청지 이발관은 한 50년 전에 문을 닫았고, 문명이발관은 그 뒤로 5년 정도 더 운영했다. 중국인들의 이발소는 좀 특별한 구조였다고 한다. 이발과 함께 안마도 하고, 목욕탕도 한집에서 같이 운영했다고 한다. 남자 안마사가 따로 있었다. 이발소와 붙어 있는 목욕탕은 남탕과 여탕이 구분되어 있었다.

곡 사장이 어렸을 때만 해도 차이나타운에서는 긴 담뱃대에 아편을 피우는 노인들이 많았다고 한다. 이는 오정희의 소설『중국인 거리』에서도 그려진다.

남자들은 가게 앞에 내놓은 의자에 앉아 말없이 오랫동안 대통 담배를 피우다가 올 때처럼 사라졌다. 그들은 대개 늙은이들이었다. … 정말 긴 대통을 통해 나오는 연기는 심상치 않은 노오란 빛으로 흐트러지고 있었다. 늙은 중국인들은 이러한 우리들에게 가끔 미소를 지었다. 통틀어 중국인 거리라고 불리는 동네에, 바로 그들과 인접해 살고 있으면서도 그들 중국인에게 관심을 갖는 것은 아이들뿐이었다.

불과 50~60년 전 일들인데 까마득한 옛이야기처럼 멀다. 그동안 세상이 참으로 빠르게 변했다. 차이나타운 역시 마찬가지다. 예전의 모습을 간직하고 있는 게 거의 없다시피 할 정도다. 그 속에서 중국인만의 원형질을 유지하며 오래도록 버티고 있는 복래춘이 신통하게 느껴진다.

옛날엔 인천에서 서울까지 배달도

곡회옥 사장이 본격적으로 부친의 일을 배우기 시작한 것은 열일곱인가 열여덟, 화교중학교 3학년이나 화교고등학교 1학년 때다. 물론 그 이전부터 아버지를 따라다니면서 물건 파는 것을 거들기도 자주 했다. 부친은 인천에서 만들어 서울의 여러 가게들에 배달하기도 했다. 서울에는 복래춘처럼 전병을 잘 만드는 곳이 거의 없었기 때문에 서울 가게들이 인천의 복래춘에까지 주문을 넣었던 것이다. 곡회옥 사장은 열세 살 무렵부터 아버지가 서울 갈 때마다 따라나섰다. 부친은 엄청난 양의 전병을 어깨에 앞뒤로 메고 나섰고, 어린 곡 사장은 겨우 몇 개 손에 들었다. 둘은 그렇게 인천역에서 열차를 타고 서울역까지, 또 서울역에서 가게들까지 오갔다. 아들이 같이 나선 것은 일을 도우려는 뜻이라기보다는 열차에서 먹는 땅콩에 맘이 더 가 있어서였다. 아버지는 꼭 20~30개 들어 있는 아주 작은 땅콩 꾸러미를 사 주고는 했다. 당시 기차에서는 지금으로 치면 편의점 같은 곳에서 파는 삼각 김밥만 한 삼각형 봉지에 구운 땅콩을 담아 팔았다고 한다.

중국인들에게는 과자와 빵이 특별한 의미를 갖는다. 설 명절에 쓰는 과자가 다르고, 추석 때 쓰는 게 다르다. 또 정월 보름, 단오, 칠석, 결혼, 어른 생신 때마다 제각각의 과자가 있다. 한국 화교 사회에서는 복래춘이 가장 유명한 집으로 꼽힌다. 중국 전통 방식을 지켜 가며 그 온갖 과자며 빵을 만들어 낼 수 있기 때문이다. 명절에는 전국에서 주문이 밀리기 때문에 밤잠을 설치기 일쑤다. 음력설 때가 가장 바쁜데, 그때는 하루에 두 시간밖에 못 잔다. 복래춘 방식은 북방식이다. 중국 과자나 빵 제조 방식은 밀가루를 주로 쓰는 북방식과 쌀을 주 재료로 삼는 남방식으로 나뉜다고 한다. 북방식은 바삭바삭하고 단맛이 덜한 반면 남방식은 말랑말랑하고 단 것이 특징이라고 한다.

우리나라에서 짜장면이 등장하자마자 대번에 한국인의 입맛을 사로잡은 것은 우연이 아니다. 한국인은 그동안 밀가루 맛에 굶주려 있었다. 한반도에서는 밀가루가 귀한 존재였다. 우리나라 기후가 밀보다는

곡회옥 사장과 부인 유서지 씨. 오른쪽 문의 "4대 전통",
왼쪽 위 편액의 "본점 1920년 창립" 문구들이 가게의 역사를 알려 준다.

쌀 재배에 적합하기 때문이다. 흔치 않은 밀가루 음식은 예전부터 잔
치 때나 쓸 정도로 고급 취급을 받았다.

우리나라 밀과 관련한 오래된 기록은 중국 송나라 문신 서긍(徐兢)이
1123년 고려에 사신으로 왔다가 보고 들은 사실을 기록해 송 왕 휘종
에게 바친 보고서 『선화봉사고려도경(宣和奉使高麗圖經)』에 나온다.
『고려도경』 중 '고려의 연회' 부분을 보자.

나라 안에 밀이 적다(國中少麥). 모든 밀은 장사치들이 경동도(京東
道, 산둥 지역)를 통하여 수입해 면(麵) 가격이 대단히 비싸므로 큰 잔

치가 아니면 쓰지 않는다.

─『고려도경』(조동원 김대식 이경록 이상국 홍기표 공역, 황소자리, 2013)

서긍이 고려의 밀 수입 경로까지 파악하고 말한 것이니 고려에서 밀 가루 음식이 귀하기는 귀했던 모양이다.

그러나 고려 땅에 밀이 아주 없지는 않았다. 고려를 다녀간 서긍도 앞에서 한 것과는 다른 소리를 한다. 『고려도경』 '농업' 조항에서는 "고려의 토지는 '보리와 밀(二麥)'을 재배하는 데 알맞다"고 적고 있다. 어디에서는 밀이 없어 수입한다고 해 놓고, 다른 데서는 밀 재배의 적지라고 했으니 혼란스럽지 않을 수 없다. 하지만 서긍이 말하는 밀 재배에 알맞은 곳은 아마 한반도 북방 지역이 아니었을까 싶다. 그리고 '두 가지 맥(二麥)'에서는 밀보다는 보리가 중심이 될 듯하다. 한반도에서 밀이 본격적으로 재배되기 시작한 것은 1930년대에 개량종이 나온 이후라고 전문가들은 설명하고 있다.

어쨌든 한반도에서는 밀이 적었기 때문에 국수를 만들 때에도 밀가루보다는 메밀을 썼다. 화교들이 우리가 낯설고 귀하게 여기는 밀을 이용해 짜장면을 만들고 빵이며 과자를 만들어 판매하자 그 존재는 금방 도드라질 수밖에 없었을 터이다.

'공갈빵'은 어머니 작품

복래춘 고유의 상품이 하나 더 있다. 바로 '공갈빵'

이다. 역시 밀가루를 쓴다. 가게 안에 진열된 수많은 종류의 과자들 중에 부피가 가장 큰 것이 이 공갈빵이다. 손바닥에 꽉 찰 만큼 둥그렇게 큰 것이 속은 텅 비어 있다. 지금은 여기저기서 공갈빵을 팔지만, 공갈빵의 원조는 복래춘이다. 이름도 곡회옥 사장의 어머니가 처음 붙였다고 한다. 집안이 인천에 자리를 잡은 뒤, 어머니는 중국 본토 방식을 약간 변형한 밀가루 빵을 만들어 인천역 근처에 있던 옛 부두에 나가 팔기 시작했다. 부두를 오가던 사람들이 큼지막하고 먹음직스럽게 생긴 빵을 사서 한입 무는 순간 생각했던 것과는 딴판으로 산산이 부서졌다. 얇은 밀가루 반죽의 안쪽에 단 것을 바르고 부풀린 것이 무슨 힘이 있겠는가. 사람들은 너나없이 "공갈친 것 아니냐"고 어머니에게 항의해 댔다. 그런데 어머니는 한국말을 알아듣지 못했다. 동네에 돌아와 물었다. 빵을 산 사람들이 자꾸 화를 내면서 '공갈' '공갈' 그러는데 도대체 '공갈'이 무슨 말이냐고. 어머니는 그다음 날부터는 손님들에게 '공갈빵'이라고 미리 말했다. 이제 더 이상 '공갈'이 아니었다. '공갈빵'이란 말은 그렇게 세상에 나왔다.

곡회옥 사장은 1970년 고등학교 졸업 직후 밤에는 밀가루를 반죽하고 낮에는 서울의 한의원에서 일한 적도 있다. 곡 사장이 당시의 한의원은 다 중국인들이 운영한 것으로 알고 있을 정도로 중국인 운영 한의원이 많았던 모양이다. 그렇게 생각할 수도 있는 것이, 그때는 중국인이 하건 한국인이 하건 '한의원'을 모두 '漢醫院'이라고 썼기 때문이다. 실제로 곡 사장이 한의원에서 일하던 1970년대에는 한방(韓方)을 나타내는 한의학, 한약방, 한의사 등에 붙는 '한'자는 모두 중국을 일컫는 '漢'이었다. 일제강점기의 영향이었다. 지금처럼 우리나라를 의미하는 '한(韓)'이 된 것은 1986년의 법제화 이후다. 한방에서 우리 정체성을 회복한 것이 그리 먼 이야기도 아니다.

곡 사장이 2년가량 아르바이트한 곳은 서울 명동에 있던 '중화당한 의원(中和堂漢醫院)'과 '중국한의원(中國漢醫院)'이었다고 한다. 한의원 에서 침이나 맥 짚는 것까지 배운 것은 아니고 그냥 약 처방 하는 것만 익혔다. 처음 다닌 중화당한의원에서는 월 9천 원을 받았는데, 중국한 의원에서 월 1만 5천 원을 준다고 해 자리를 옮겼다. 그러다 1972년에 일본에 건너가 3년을 있었다. 돈을 벌기 위해서였다. 그릇도 닦고 아 무것이나 해도 일본에서는 한 달에 7만 원을 받았다. 한국의 6~7배나 되었다. 곡 사장은 일본 시절에 안 가 본 곳이 없을 정도로 일본을 구 석구석 여행했다고 한다. 그러는 바람에 목적대로 돈을 많이 벌지는 못했다.

사람들로 붐비는 차이나타운은 그리 오래지 않은 풍경이다. 1970년 대에 화교 경제권을 제한하는 탄압 정책이 시작된 이후 차이나타운은 썰렁해지기 시작했다. 불과 30여 년 전만 해도 가게가 대부분 문을 닫 았다. 1980년께에는 '복래춘'과 빵을 굽던 '풍미' 정도만 있었다고 한 다. 곡 사장도 아예 타이완으로 삶의 터전을 옮긴 적도 있다. 하지만 한국에 남아 계시던 부모님이 편찮으신 바람에 다시 넘어온 게 지금까 지다.

곡회옥 사장은 어린 시절 동네 노인들을 잘 따랐다. 그들로부터 중 국의 역사 이야기도 많이 듣고 그 어른들과 경극(京劇)도 자주 보았다.

복래춘의 옛 모습. 무동을 탄 아이가 곡회옥 사장의 1982년생 아들 곡사충 씨다.
아들 곡사충 씨는 복래춘을 4대째 잇고 있다.

예전에는 차이나타운마다 돌아다니던 경극 극단이 있었다고 한다. 곡 사장은 자타가 공인하는 경극 마니아다. 타이베이건 베이징이건 유명 경극 배우가 하는 공연은 어떻게든 가서 본다. 부부 동반이지만 부인 유서지 씨는 내용이 도통 이해가 안 된다.

"비행기 값도 아깝고 하니까 그냥 한국에서 이미자 같은 옛 가수들의 공연을 보자고 하면 어림도 없다면서 꼭 경극을 보고야 말 정도로 경극을 좋아해요. 물론 저는 옆에서 졸지만요."

11월 29일 돌잔치 하는 집에서 빵을 주문했다. 나왔는데 보니 복래춘 가게 안이 가득 찰 만큼 많았다. 199개이다. 높이 쌓을수록 장수한다고 믿기 때문이다. 빵 값만 100만 원이다. 화교들의 과시욕이 어릴 때부터 이렇게 몸에 배는 모양이다. 우리와 별반 다르지 않았다.

섬 막걸리의 진수,
북도양조장

강화에서 뜯어 왔다는 기와집

       2014년 10월 31일 인천광역시 옹진군 북도면 시도 (矢島). 시월의 마지막 날, 섬 주민들은 종합운동장에 모였다. 해마다 이맘때면 북도면 체육대회가 면 소재지인 시도에서 열린다. 영종도 삼 목선착장에서 배를 타고 건너가 운동장에 막 들어서자 마침 배구 경기 가 한창이었다. 동네 사람들이 죄다 모이는 체육대회는 도시에서는 찾 아볼 수 없는 것이어서 신기하기만 했다. 운동장 스탠드 밖에는 주민 들이 주민들에게 음식을 대접하는 임시 식당도 차렸다. 홍어무침이며 떡이며 과일 샐러드며 먹을 게 풍성했지만, 눈에 띄는 것은 식탁마다 놓인 막걸리였다. 바로 이 동네에서 나는 '시도막걸리'라 불리는 도촌 주(島村酒)였다. 요즘에 막걸리 만드는 양조장을 찾아보기가 여간 어 려운 게 아니다. 그것도 이런 작은 섬마을에서는 특히나 그렇다.

북도양조장. 대문에 "이곳에서 빚은 술" "옆 가게에서 팝니다"라고 쓴 안내문이 붙어 있다.

'도촌주'를 빚는 '북도양조장'은 국내 양조장 중에서 오래되기로는 아마도 가장 윗길일 듯하다. 양조장 건물부터가 그렇고, 술을 발효시키는 그릇도 그렇다. 양조장 운영도 어머니 배덕희(84) 여사에 이어 아들 강대현(64) 씨가 대를 이어서 하고 있다. 강대현 대표는 언론 매체에 소개되는 것을 극도로 꺼린다. 지난봄에도 왔었는데, 문전박대를 당해 주변 취재만 할 수밖에 없었다. 이번에는 다부지게 마음을 먹고 왔다. 강 대표와 친하게 지내는 사람을 수소문해 미리 '취재 협조 요청'까지 넣어 놓은 터였다.

강 대표 이야기로는 어머니 배덕희 여사가 서울에 살다가 1970년대 초에 북도양조장 집과 양조 시설을 통째로 사서 들어왔다고 한다. 이 집은 아주 오래전에 강화도에서 기와집을 뜯어다 옮겨 지은 것이라고도 했다. 이 집에서 술을 담그기 시작한 게 언제인지는 정확히 알 수 없지만 양조장 집 주인이 여러 번 바뀌었다고 한다. 강 대표는 양조장을 처음 시작한 것이 한 80년은 족히 되었을 것이라고 했다.

강 대표의 말이 어머니의 기억에만 의존하고 있는 듯싶어 사실을 확인할 겸 북도양조장 지번을 갖고 공부(公簿)를 조사했더니 글쎄, 양조장 건물과 토지의 연혁이 일제강점기 초반에서 출발하는 게 아닌가. 토지대장에는 '다이쇼(大正) 5년 3월 31일'이 북도양조장 지번 첫 등록일로 나온다. 다이쇼 5년이면 1916년이다. 일반건축물대장의 사용승인일은 토지대장보다도 빠른 1905년으로 되어 있다. 토지대장의 소유권 변동 사항에는 강 대표의 어머니가 다섯 번째 소유자로 되어 있다. 강대현 대표의 말처럼 북도양조장 내력과 관련해 전해지는 말이 크게 틀리지 않음을 알 수 있다.

강 대표의 어머니가 도시에서 생활하다가 이 시골 벽촌까지 양조장 사업을 하러 온 것은 당시만 해도 양조장업이 돈벌이가 꽤 되었기 때문이다. '황금 파시'란 말이 붙을 만큼 조기잡이가 호시절이던 때 이곳 시도에도 전국의 조기잡이 배들이 몰려들었고, 그 덕에 막걸리 소비가 엄청났다는 것이다. 양조장은 직원을 여럿 둘 정도로 규모가 컸다고 한다. 배덕희 여사는 양조장 하나만 한 게 아니라 농사도 지었고 기름집도 했다. 사료도 팔았고, 가스(LPG)도 판매했다. 정육점도 했다. 구멍가게도 했다. 북도양조장 집은 이 동네에서는 백화점이었던 셈이다. 아쉽게도 여러 가지 사업을 동시에 벌였던 여장부 배덕희 여사를 직접 만나지는 못했다. 아들은 어머니가 몸이 불편해 말씀을 제대로 하시지 못한다고 전했다.

쇼와(昭和) 연호 새겨진 술 옹기들

북도양조장은 집이 오래된 것도 특징이지만, 술독이 특별하다는 점도 그냥 지나칠 수가 없다. 북도양조장에서는 아직도 옹기로 된 독에 술을 담근다. 대문 밖 '북도양조장'이라는 간판 옆에 옹기를 엎어 놓았는데, 바짝 다가가 보면 이 옹기가 일제강점기에 만들어진 것임을 알 수 있다. 일본 연호인 '쇼와(昭和)' 표시가 선명하다. 양조장에서 술을 숙성하는 용기도 같은 옹기를 쓴다. 발효실 문을 열자 두 개의 옹기가 눈에 들어왔다. 술독 한 개에서는 1.2리터들이 막

쇼와(昭和) 연호가 새겨진 옹기

걸리 병 300개 분량이 나온다고 한다. 북도양조장에서 빚는 술은 일주일에 술독 한두 개 분량에 불과하다. 하루에 몇 만 병씩 생산하는 대형 양조장과는 비교할 수가 없다. 이 집에 있는 옹기는 모두 '쇼와' 표기를 하고 있다. 쇼와 연간은 1926년부터 1989년까지이다. 항아리 겉면에는 술의 용량과 담근 시기 등을 따로 적어 알 수 있게 했으며, 또한 '경기개량옹천형(京畿改良甕天型)'이라고 써 이 옹기가 서울과 경기 지역의 전통적인 옹기 양식을 개량한 것임을 알게 한다. 아직 남아 있는 '경기 개량형' 옹기가 밖의 깨진 것까지 합해 10여 개는 된다.

일제 시기 우리나라에서는 탁주(막걸리)와 약주, 두 가지 종류의 술이 대표적이었던 모양이다. 1933년 간행된 『인천부사(仁川府史)』에 따르면 일제는 1926년(다이쇼 15년)께 술을 만드는 업자 '합동 정리'를 단행했다. 또, 당시 누룩 제조업자가 난립하고 있었는데, 1927년(쇼와 2년)에 이들 중 일부를 합쳐 '인천누룩제조조합'이란 회사도 설립하고 공장도 신축했다. 또한 약주 누룩과 탁주 누룩을 같이 팔도록 했는데, 그 판매 구역은 인천부, 부천군, 강화군, 김포군이었다. 신도, 시도, 장봉도 등 옹진군 북도면은 당시 부천군에 속해 있었다. 북도면이 옹진군에 편입된 것은 1973년에 가서다. 북도양조장에서 쓰는 쇼와 연호가 새겨진 옹기를 보건대 이곳 역시 인천누룩제조조합의 누룩을 썼을 터이다.

북도양조장처럼 옹기에 막걸리를 담그는 방식은 무척 오래된 우리의 전통 양식으로 보인다. 앞 장에서 살펴본 서긍(徐兢)의 『고려도경』에 '질그릇 술독(瓦尊)' 이야기가 나온다.

고려에서는 찹쌀이 없어서 멥쌀에 누룩을 섞어서 술을 만드는데, 빛깔이 짙고 맛이 진해 쉽게 취하고 빨리 깬다. 왕이 마시는 것을 양온(良醞)이라고 하는데 좌고(左庫)에 보관하는 맑은 법주(淸法酒)이다. 여기에는 두 종류가 있는데, 질그릇 술독(瓦尊)에 담아서 누런 비단으로 봉해 둔다. 대체로 고려인들은 술을 좋아하지만 좋은 술을 구하기가 어렵다. 서민의 집에서 마시는 것은 맛이 텁텁하고 빛깔이 진한데, 아무렇지도 않은 듯이 마시고 모두들 맛있게 여긴다.

서긍이 900여 년 전에 본 고려의 질그릇 술독은 북도양조장의 옹기 술독과 어떤 차이가 있을까 궁금하다. 와기(瓦器)와 옹기가 둘 다 질흙으로 빚는다는 점에서 같은 만큼, 고려의 질그릇 술독과 북도양조장의 옹기 술독이 서로 크게 다르지는 않았을 성싶다.

북도양조장을 강대현 대표가 맡은 때가 2000년이다. 지금 생각해 보면 당시가 북도양조장의 존폐의 기로였다. 어머니 배덕희 여사가 칠십 줄에 접어들면서 힘에 부치자 문을 닫을 것인가 아니면 아들에게 맡길 것인가를 놓고 고민했다고 한다. 당시 강대현 씨는 신발 관련 사업을 하고 있던 때였다. 어머니는 아들에게 말했다.

"네가 맡아서 해라. 내가 하던 이 일을 누가 하겠느냐."

아들은 신발 사업을 접고, 양조장을 넘겨받은 뒤로 술 제조 공정에 현대화 작업을 곁들였다. 숙성은 옛 옹기에 하되 병에 담는 장치며 온도 조절 시설 등은 기계화했다.

강대현 대표가 막걸리 제조 공정에 기계 시설을 들이려고 여기저기

쫓아다니자 사람들이 수군거리기도 했다. 사양산업이 되었는데 괜스레 돈을 들인다는 것이었다.

"제가 맡기 전에 막걸리 사업은 내리막길이었어요. 1995년에서 2000년 사이에 전국의 막걸리 공장이 다 문을 닫았습니다. 그런 와중에 기계 시설을 갖춘다고 하니 다들 이상하게 생각한 겁니다."

강대현 대표. 양조장만으로는 어려움이 있어 슈퍼를 같이 운영하고 있다.

강 대표는 막걸리가 팔리지 않아도 양조장 기준을 유지하기 위해 최소한의 세금은 꼬박꼬박 냈다고 했다. 정육점이나 슈퍼를 운영하면서 나는 수익을 양조장 주세를 내는 데 쓴 것이다. 몇 년 전 서울과 인천공항을 오가는 철도가 개통한 뒤로 이곳 시도에도 관광객들이 늘어나면서 막걸리 수요도 덩달아 늘었다고 한다. 그러면서 '시도막걸리'의 맛이 입소문을 타기 시작했다. 하지만 막걸리가 뭍으로 나가려면 배를 타야 하는 번거로움이 있어 아직까지 육지 사람들에게는 낯설다.

'대통령 지시'로 서해 5도에 술 반입 금지되기도

옹진군과 술의 관계를 이야기하면서 빼놓을 수 없는 게 하나 있다. 1970년대 중후반 백령도, 대청도, 연평도 등 서해 5도에 술 반입이 금지되었던 적이 있다. 때마침 북도면 체육대회 행사에 나와 있던 조윤길 옹진군수는 '술 반입 금지' 이야기가 나오자, 자신이 옹진군청에 근무할 때의 일이라면서 옛 기억이 또렷하다고 했다.

"1974년께로 기억해요. 당시 치안본부 간부들이 백령도 등 서해 5도를 둘러본 적이 있어요. 이때 사달이 났어요. 섬 여기저기에 온통 소주병이 쌓여 있고, 배에서는 술김에 사고도 많이 났어요. 이게 대통령에게 보고가 된 거예요. 어느 날 지시가 내려왔어요. 서해 5도로 들어가는 술을 원천 통제하라는 겁니다. 당시에는 군청에서 여객선을 운영할 때입니다. 선장들을 다 불러 모아 놓고 얘기했지요. 술이 하나라도 서해 5도에 들어가는 날이면 우리 모두가 죽는다고요. 지금의 파라다이스호텔 앞에 선창이 있을 땝니다. 직원들은 꼬챙이를 만들어 섬에 들어가는 화물이며, 주민들이 들거나 멘 보따리를 쑤시면서까지 술 검사를 했어요."

갑자기 백령도나 연평도에는 현지에서 만드는 막걸리 외에는 술이 딱 끊겼다. 그러나 뱃사람에게는 막걸리보다는 독한 소주가 제격이었다. 수요가 있으면 공급도 따르는 법. 당시 서해 5도로 소주를 반입하기 위해 기상천외한 방법들이 다 동원되었다고 한다. 심지어 백령도에 내리는 공군 비행기가 몰래 술을 실어 나르는 통로가 되기도 했다고 한다. 술이 부족하니 값은 천정부지로 뛸 수밖에 없었다. 4홉들이 소주 한 병에 4천 원씩 했단다. 당시 공무원 월급이 3만 원가량 할 때다. 위험 부담이 큰 만큼 벌이가 수월찮이 되었다고 한다. '대통령 지시'로 이루어진 서해 5도 술 반입 금지 조치는 제5공화국 정권이 들어서기 전인 1970년대 말까지 계속되었다고 한다. 지금 인천의 기초자치단체장을 하는 한 인사도 그때 떼돈을 벌었다는 이야기가 전해진다.

오전 열한 시께 시도에 들어가 오후 네 시쯤 나왔다. 오전에 같은 배를 타고 들어갔던 자전거 동호인들은 나올 때는 보이지 않았다. 아마도 섬 이곳저곳을 더 돌아본 뒤 막배로 나올 모양이다. 배를 타고 가려면 표를 끊고, 차를 대고, 기다리고 하는 불편함은 있지만 그래도 섬은 배 타고 드나드는 게 제격이 아닐까. 신도·시도 섬사람들이 들으면 욕을 해 대겠지만 말이다. 당장 북도양조장 강대현 대표도 영종도와 신도,

시도를 거쳐 강화도를 잇는 다리가 하루빨리 생겨나기를 바라고 있었다. 그러면 시도막걸리 판로도 새롭게 뚫릴 것으로 믿기 때문이다.

필자는 섬과 섬을 잇는 다리 건설 사업에 대체로 반대하는 편이지만, 북도양조장을 취재하면서는 강화도와 신도·시도를 잇는 사업이 아마 이들 섬의 오랜 숙원을 푸는 일이 될지도 모를 일이라 여기게 되었다. 또한 영종도와 강화도를 잇는 연륙교 사업은 인천공항과 북한 지역을 곧바로 연결하는 전초 사업이기도 해서 국가적 차원에서 다가서야 하는 문제이기도 하다.

앞에서도 언급했지만 오래전 강화도와 시도는 하나의 행정구역이었다. 지금 북도면을 형성하고 있는 신도, 시도, 모도, 장봉도 등의 섬은 모두 강화에 속해 있었다. 그러다가 일제강점기에 부천군에 편입되었다.

시도는 강화군(강화부)에 속했으며, 목양장(牧羊場)이 있었다고 한다. 1932년 박헌용(朴憲用)이 편술한 『속수증보강도지(續修增補江都志)』에서는 시도를 일컬어 "신도 서쪽에 있고, 오래전에 강화군에 속했으며, 목양장이 있었는데 없앤 지 오래되었고, 지금은 부천군에 속한다"고 했다.

그런데 박헌용은 신도와 장봉도를 설명하면서는 "목장(牧場)을 설치했는데 없앤 지 오래되었다"고 했다.

왜 신도와 장봉도를 설명할 때에는 '목장(牧場)'이라 하고, 시도 쪽은 '목양장(牧羊場)'이라 구분했는지 궁금하지 않을 수 없다. 목장은 관영(官營)으로 말을 기르고, 사설(私設) 목양장에서는 양을 쳤다는 의미로 해석할 수도 있을 듯하다. 실제로 1910년대 이후 한반도에서는 옷감을 생산하기 위한 차원의 목양장이 여럿 운영되었다.

더 이상한 것은 이형상(李衡祥, 1653~1733)이 1696년 저술한『강도지(江都志)』'목장(牧場)' 대목에는 아예 시도가 언급조차 되어 있지 않다는 점이다. 신도에는 "말 49필, 소 1마리가 있다"고 되어 있다. 이형상과 박헌용의 두『강도지』사이에 시도와 목장 관련 변화가 있었던 것이다. 신도와 시도에 얽힌 목장과 목양장 사연, 좀 더 공부가 필요한 대목이다.

섬 이름에 화살 시(矢) 자가 붙게 된 연유도 강화도와 관련이 있다. 강화도 마니산 쪽에서 군인들이 활을 쏘는 과녁을 시도로 삼았고, 시도에는 화살이 수없이 떨어져 시도(矢島)라 했다는 이야기가 전해진다. 마니산에서 시도까지 화살이 실제로 날아들 것 같지는 않은데, 시도 북쪽 해안에 서면 강화도 마니산 자락이 손에 잡힐 듯 가깝기는 하다.

북도면이라는 지명도 살펴봄 직하다. 인천의 향토사학자 이훈익(李薰益, 1916~2002)은 1993년에 펴낸『인천지명고(仁川地名考)』에서, "북도면의 관할구역은 시도리(矢島里), 신도리(信島里), 모도리(茅島里), 장봉리(長峰里)이다. 원래는 강화군 소속인데 1914년 4월 1일 부천군이 설치될 때 한 면이 되었다. 북도란 부천군의 소속 도서 중 가장 북쪽에 위치해 있어 북도면이라 한 것이다"라고 했다. 옹진군의 동남쪽에 있는 섬을 왜 북도면이라 부르는지 궁금하던 차였는데, 부천군의 입장에서 이름 지었다니 비로소 이해가 되었다.

강화에서 부천으로, 부천에서 옹진으로, 시도의 행정구역 변천사도

'화살받이'의 이름 내력만큼이나 만만치는 않다.

강화도의 오래된 기와집을 옮기어 지었다는 시도의 술도가에 가기는 그리 어렵지 않다. 영종도 삼목선착장에서 배를 타면 10분이면 신도선착장에 닿는다. 그리고 신도는 시도와 연륙교로 이어져 있다. 그 북도양조장에 가면 아주 오래된 옹기에서 아직도 그렇게 술이 숨 쉬고 있음을 맛볼 수 있다. 북도양조장은 그 자체로 문화재급이다.

---

* 출간 마무리 작업이 한창 진행 중이던 2015년 2월 25일, 강대현 대표가 지병으로 유명을 달리했다는 급작스러운 부음이 들려왔다. 안타깝게도, 완성된 책은 고인의 영전에 바칠 수밖에 없게 되었다. 머리 숙여 고인의 명복을 빈다.

대를 잇는
새우잡이,
한대경 선장

육젓은 눈으로 먹고 추젓은 맛으로 먹는다

　　　　김장철은 새우젓의 계절이기도 하다. 뭐니 뭐니 해도 김장 재료의 기본은 새우젓이다. 그 김장 새우젓(추젓)의 국내 최대 산지가 강화도 일대 어장이다. 그중 선수어장은 강화도와 석모도 사이를 길게 흐르는 석모수로의 남쪽 입구에 해당한다.

　석모도와 마주 보고 있는 후포항 선수포구에서 대를 이어 새우잡이를 하는 사람이 있다. '꽁당배' 서해호의 한대경(58) 선장이다. 2014년 11월 18일, 그는 올해 새우잡이를 다 끝내 놓고 모처럼 망중한을 즐기고 있었다. 전국 각지에 부칠 새우를 통에 담느라 부인 김점임(54) 씨만 혼자서 바쁜 듯했다.

　올해 새우잡이는 대풍이라고 할 만큼 괜찮았다. 한대경 선장이 잡은 것만 200킬로그램들이 250드럼이라고 했다. 혼자서 50톤을 잡은 것이다. 돈으로 치면 1억 원가량 된다. 드럼통에 딱 맞는 양은 200킬로 그램이지만 새우젓을 담을 때에는 고봉밥처럼 30~40킬로그램씩 더 담는다. 푸짐하게 보여야 값을 더 받을 수 있기 때문이다. 그렇다면, 한 선장이 잡은 것만 60톤가량이나 된다는 이야기다.

"올해는 유난히 많이 잡혔어요. 다른 새우 어장은 안 잡혔대요. 그 래선지 전라도 쪽에서도 배들이 왔어요. 하여튼 여기 선수어장은 새 우가 지천으로 널렸었습니다."

젓갈용으로 잡는 젓새우 중에서도 봄에 잡는 것을 오젓, 여름에 잡 는 것을 육젓, 가을에 잡는 것을 추젓이라고 한다. 크기로는 육젓이 추 젓보다 낫지만, 한대경 선장은 추젓이 작으면서도 싸고 제일 맛있다고 강조했다. 부인 김점임 씨는 육젓과 추젓의 차이를 한마디로 정리해 주었다. "육젓이 눈으로 먹는 새우젓이라면, 추젓은 맛으로 먹는 겁니 다." 겉보기에 크고 좋아 보이는 육젓이 추젓에 비해 가격이 서너 배 나 비싸지만 맛에서는 추젓이 결코 떨어지지 않는다는 말이다. 현장에 서 나오는 멋들어진 표현이 아닐 수 없다. 선수포구의 주력 어종은 추 젓이다. 우리나라 최대 새우 어장으로 꼽히는 전라도 쪽에서는 주로 육젓이 많이 잡힌다고 한다. 전라도는 육젓, 강화도는 추젓이라는 이 야기다.

강화 선수어장에서 잡는 새우가 김장철이면 전국의 새우젓 명소에 서 '강화'나 '선수'란 이름은 빠진 채 그곳만의 이름을 달고 팔려 나간

새우젓을 판매용 통에 담느라 바쁜 김점임 씨

다고 한 선장 부부는 입을 모았다.

후포항이라고도 불리는 이곳 선착장에는 선수어판장이 있다. 17개 가게가 나란히 있다. 새우젓도 팔고 포구 맛이 물씬 나는 음식점도 겸한다. 겉으로 표시가 나지는 않지만 이들 가게에는 입구부터 순서가 매겨져 있다. 배를 먼저 부린 사람이 1번 자리를, 그다음이 다음 순서를 받는 식이다. 한대경 선장은 2번이지만, 현재 배를 부리는 사람으로 치면 1번이다. 원래 1번을 받은 지인식(77) 선장은 이제 배를 놓고 가게만 한다.

선수포구의 현역 선장으로는 최고참이 된 한대경 선장이 선장 면허라고 할 수 있는 해기사 면허와 통신사 면허를 딴 게 1977년이다. 한 선장이 배를 본격적으로 탄 것은 중학교 3학년 때부터이다. 아버지를 따라서였다. 황해도 연백에 살다가 전쟁 때 이곳으로 피란 나와 터를 잡은 부친은 4년 전에 세상을 떴다. 어린 나이에 아버지가 부리는 배에서 뱃일을 시작한 한대경 선장은 자신의 배로 독립한 지 31년이 되었다.

선수어장의 새우잡이는 한시 허가를 받아서 한다. 새우를 잡을 수 있는 기간은 9월부터 11월까지 3개월뿐이다. 이곳 강화와 김포 일대에 새우잡이 배만 140여 척이 있다. 그중에는 한대경 선장 등 어부들이 '꽁당배'라고 부르는 배가 많다. 새우잡이를 하는 꽁당배는 바다에 자리를 잡고서 배 양편으로 그물을 펼쳐 놓고 움직이지 않는다. 밀물과 썰물 때 새우가 조류를 따라 드나들다가 그물에 걸리게 된다. 따라서 꽁당배에는 잡은 새우를 뭍으로 나르는 운반선이 별도로 따라붙어야 한다. 한대경 선장은 새우도 잡고 운반선도 맡는다. 배가 두 척인 것이다. 배에서는 사고도 많기 때문에 보험은 필수다. 한대경 선장도 죽을 고비를 여러 차례 넘겼다. 배가 침몰한 적도 있다. 선체 공제에만 1년에 500만 원가량 붓는다. 선원 보험은 급여에 따라 차등으로 치러야 한다.

꽁당배에는 보통 3~4명의 인부가 같이 일하게 되는데 이들의 인건

비로 3개월간 한 달에 한국인은 500만 원씩, 외국인은 300만 원씩이다. 한 선장은 한국인 근로자만 쓴다. 외국인들은 싸기는 하지만 못마땅한 점이 많아서다.

한대경 선장은 지금은 선수어장 밖으로 나가지 않지만, 어릴 때부터 1980년대 초반까지만 해도 아버지와 함께 전라도 충청도 등지로 다니면서 그물질을 했다. 전라도 신안까지 가면 그곳에 땅을 얻어 잡은 것을 말려서 팔고 하는 식이었다. 전라도 충청도 등지의 주요 포구에 땅을 얻지 않은 곳이 없을 정도였다. 당시에는 새우 중에서는 빨간색의 북새우가 참 많이 잡혔다. 1980년대까지만 해도 북새우 대부분을 일본에 수출했다. 일본 사람들이 유난히 좋아했던 게 북새우다. 그 찌꺼기는 사료 공장에 팔았다. 그런데 지금은 북새우 잡기가 쉽지 않다. 전라도 쪽에서 가을에만 조금 잡히는 정도라고 한다. 예전에는 준치도 많이 잡혔는데, 지금은 도통 나지를 않는다.

"말도 마요. 옛날에는 구정을 쇠고 막바로 나가서는 말복 때나 들어왔어요. 그리고 보름 정도 쉬다가 다시 나가서는 연말 크리스마스 때 들어왔고요. 그 고생, 말도 못 하게 했습니다. 제가 1984년부터 제 배를 부렸는데, 그때부터 그 짓을 관뒀습니다."

선수어판장에 나들이 왔다가 생새우나 추젓을 맛본 사람은 김장철만 되면 멀리서도 선수포구 새우를 찾는다. 요즘은 전국으로 택배 서비스가 되니 큰 부담 없이 주문할 수 있다.

한대경 선장은 새우가 열이 많다고 했다. 잡은 즉시 소금과 섞어 절여야지, 안 그러면 얼마 가지 않아 변한다는 것이다. 그래서 새우잡이 배에는 소금이 필수다. 예전에는 선수어장의 새우잡이 배들은 강화 삼산염전의 소금을 썼다. 강화 새우와 강화 소금의 궁합이 그리 좋을 수 없다는 것이었다. 삼산 소금의 질도 최고로 쳤다. 그러나 지금은 삼산 소금이 나지 않으니 어쩔 수 없이 신안 소금을 쓴다고 했다.

선수포구 새우잡이, 피란 어부들이 일궈

강화 선수어장이 추젓 새우의 본고장이 된 것이 언제부터인지는 명확하지 않다. 다만, 선수포구의 새우잡이가 본격화한 것은 황해도 피란민들이 이곳에 자리를 잡으면서인 것으로 보인다.

선수포구의 1호 선장인 지인식 씨의 말을 들어 보자. 지인식 선장의 고향은 황해도 연백군 송봉면 증산리이다. 가족과 함께 피란 내려와 스무 살 무렵부터 배를 타기 시작했다. 배를 탄 지가 55년은 너끈히 되었다.

"여기로 피란 온 사람들은 다들 황해도에서 배를 타던 사람들이에요. 그런데 여기 원래 있던 사람들은 뱃일보다는 농사를 많이 지었던 것으로 기억합니다. 당시 선수포구 이쪽에는 집이라고 해 봐야 방 한 칸짜리 다섯 채인가 있었어요. 그래서 해안가 집에서는 방을 얻을 수도 없어서 저 안쪽 마을에 가서 방을 얻어야 했어요. 여기 어

로는 피란민들이 개척한 거예요. 남의 집에 겨우 방 한 칸 얻어서 곁
방살이하는 마당에 땅이 어디 있겠어요. 피란 나올 때 탔던 배를 그
대로 탄 거지요."

꽁당배를 지인식 선장은 '꽁댕이'라고 불렀다. 꽁당배가 생긴 것은
1960년대라고 지 선장은 기억했다. 꽁당배가 들어온 게 강화가 처음
이었을 것이라고도 했다. 그 전에는 이북에서처럼 '안경배'로 고기를
잡았다. 배 양쪽에 안경처럼 그물을 달고 있어서 그렇게 불렀단다. 안
경배 그물은 수면 밑으로 3미터 이상을 내려가지 못했다고 한다. 선수
가 없이 앞이 뭉툭한 해선망 어선도 있었다. 해선망도 안경배도 무동
력선이었다. 그 무동력선은 돛이나 노로만 나아갈 수밖에 없었다. 강
화에서 군산까지 가는 데 바람 없으면 일주일 정도나 걸렸다고 한다.
지금 같은 꽁당배가 생긴 것은 해선망이나 안경배 이후이다. 꽁당배는
물 속 깊은 곳까지 그물을 내려 잡을 수 있다. 안경배, 해선망, 꽁당배,
새우잡이 배는 이렇게 세 가지로 발전해 왔다.

한대경 선장의 배 서해호는 3년 전에 1억 5천만 원을 주고 산 것이
다. 30여 년 동안 배 열 척 정도는 바꾼 듯하다.

예전에는 배도 배려니와 그물이 더 형편없었다. 지금처럼 잘 끊어지
지 않는 나일론 소재가 나오지 않던 때라 실(면사)로 만들어야 했다.
바닷물이 빠지는 조금 때면 들어와 실그물에 갈을 먹여야 했다. 바닷
물에 그물이 풀리거나 썩지 않게 하는 예로부터 내려오는 방법이었다.
떡갈나무나 소나무 껍질 등을 삶은 물에 그물을 담가 물을 들이는 것

을 "갈 먹인다"고 한다. 더 이전에는 칡넝쿨로 그물을 만들었다고 한다. 칡넝쿨 껍질을 실처럼 꼬아 그물을 만들었다는 것인데, 그 작업을 "총올치 꼰다"고 표현했다고 한다. 지인식 선장은 실 그물이 고향 황해도에도 있었고, 강화로 피란 나온 뒤에도 총올치를 꼬아서 그물을 만들었던 것 같다고 했다. 1950년대까지도 이 고전적인 그물 제작 방식이 남아 있었다는 이야기다.

그물은 손으로 떴다. 잡는 물고기의 크기에 따라 성기게도, 배게도 짰다. 모기장의 구멍만큼이나 배게 그물을 짜는 요즘 시대에는 정말 상상할 수 없는 원시적 방법이었다. 강화도에서는 그물을 짜거나 보수할 때 전라도에서까지 기술자를 데려다 쓰고는 했다고 한다. 전라도에 그나마 유능한 그물 손기술을 가진 사람이 많았기 때문이다.

더 오래전 어부들은 어떤 그물을 썼을까. 고려시대에는 해상 세력이 득세하기는 했지만 그물 짜는 기술은 중국에 비해 뒤떨어졌던 듯하다. 서긍의 『고려도경』에 '질 낮은 그물' 이야기가 나온다.

9705005-6412706
연안자망(7.93톤)

서해호와 한대경 선장

어부(海人)들은 썰물이 질 때마다 배를 섬에 대고 고기를 잡는다. 그러나 그물은 잘 만들지 못하여 거친 천으로 고기를 걸러 낼 뿐이어서 힘은 크게 쓰나 많이 잡지는 못한다. 다만 굴과 대합들은 조수가 빠져도 나가지 못하므로, 사람들이 주워 모으는데 힘껏 거두어들여도 없어지지 않는다.

엉성한 그물로 고기를 잡으니 힘만 들 뿐 웬만한 물고기는 성긴 그물 사이로 다 빠져나간다는 이야기다. 물고기처럼 날래지 못한 굴이나 대합 같은 조개류는 그물이 아니더라도 주울 수 있었으니 그 수확은 엄청났던 모양이다. 서긍의 말대로라면 중국 송나라의 그물은 고려 사람들 그물보다 촘촘히 잘 만들었다는 것인데, 어떠했는지는 구체적으로 언급되어 있지 않다.

그 옛날에도 그물은 엉성했을지라도 새우젓은 담갔다. 임진왜란 당시인 16세기에도 젓새우의 구체적인 종류는 알 수 없지만 새우젓이 있었다. 당시에는 새우젓이 무척 귀했던 모양이다. 임진왜란 시기 무관(無官)의 선비였던 오희문(吳希文, 1539~1613)의 일기 『쇄미록(瑣尾錄)』에 새우젓이 등장한다.

오늘은 곧 어머님 생신인데, 궁해서 어찌할 계획이 없이 다만 함열에서 보내기만 기다리고 있다. 오후에 함열에서 아노(衙奴) 및 관인이 왔는데 양색 떡 2상자, 각색 실과 1상자, 각색 생선과 고기구이 1상자, 각색 고기 1상자, 백미 2두, 새우젓 1항아리, 뱅어젓 1항아리를 실고 왔다. 즉시 신주에 올리고 어머님께 드리니 몹시 기쁘고 감사하다.

1595년 5월 25일 자 기록이다. 어른의 생신 상에 올리도록 보내는 물품에 새우젓이 포함되어 있었다는 이야기다. 그 새우젓이 막 잡은 오젓으로 담근 것인지, 아니면 작년에 잡은 추젓이나 육젓이 묵은 것인지는 알 길이 없다. 다만 16세기에도 새우를 젓갈로 담가 항아리에 보관하고 유통했었으며, 그 난리 통에도 불구하고 새우젓이 쌀이나 고기류와 함께 귀한 음식 품목에 들어가 있었음은 확인할 수 있다.

지금은 상상하기가 어렵지만, 꽁당배 초창기까지도 닻은 나무로 만들었다. 나무 중에서 가장 무거운 축에 드는 삼나무와 박달나무로 닻을 만들었다. 또한 사람의 양팔처럼 그물을 매달아 고정시키는 것도 지금은 쇠 파이프를 쓰지만 예전에는 나무였다. 그걸 '길'이라 불렀다.

강물처럼 흐른 꽁당배의 내력

앞에서도 잠깐 언급했지만 강화의 새우잡이가 퍽이나 유명하게 된 것은 한대경 선장의 부친이나 지인식 선장과 같은 이북에서 내려온 어부들에 의해서다. 지인식 선장의 부친도 배를 갖고 있던 선장이었는데, 그 배로 피란을 나오다가 큰바람에 배가 부서졌다고 한다. 그래서 어쩔 수 없이 부친과 3형제가 남의 배를 탈 수밖에 없었다고 한다.

"새우잡이로 늙었네요. 50년이 넘었으니까요. 예전에는 1년 내내 배를 타고 대가로 받는 것이 쌀이었어요. 순전히 쌀밥을 먹기 위해 뱀자(배 임자) 집에 갔습니다."

이런 피란민 어부들의 노력이 있었기에 선수포구의 새우잡이가 강화 지역의 대표 수산업으로 떠오를 수 있었다. 사실 그 이전에도 새우는 인천 앞바다의 대표적인 어획물이었는데, 강화가 중심지는 아니었다. 그리고 선수어장의 추젓 생산량이 따로 잡히지도 않았다. 선수어장의 추젓이 유명해진 것은 1970년대 이후인 듯하다. 전쟁 직후인 1956년에 발간된 『경기도지(京畿道誌)』와 강화문화원이 1976년 발행한 『강화사(江華史)』를 비교하면 그 대강을 알 수 있다.

『경기도지(京畿道誌)』에서는 '관내 수산물의 주요 어획물' 중 첫 번째로 '새우(鰕)'를 꼽고 있다. 그러면서 새우의 대표 산지도 소개하고 있다. "현재 본도의 주요 어장의 수위를 점하는 것으로는, 종래 매년 전 어획고의 3할에 달하고 있다는 새우잡이(鰕漁業)를 들게 되는 바, 이들 새우류는 현재 주로 부천군 북도면, 용유면, 덕적면 및 강화군 서도면 연안에서 3월부터 12월까지에 대부분 어획되고 있으며, 새우류의 다음 어획물의 대종으로선 민어를 들게 되는데…"라고 쓰고 있다. 그 새우가 잡히는 지역도 지금의 옹진군 북도나 덕적도, 중구 용유도, 강화군 서도면 연안이라고 해 강화 석모도 서쪽 지역에서 인천 앞바다에 이르는 지역에서 새우잡이가 주로 이루어졌음을 밝히고 있을 뿐이다. 서도면 동쪽인 선수어장에 대한 언급은 없다. 그나마 강화 서도면 연안은 후순위로 밀려 맨 뒤에 언급되어 있다.

그러나 1970년대에 들어서면서 새우는 강화의 주력 수산물로 등극했다. 강화문화원의 『강화사』에서는 "현재 본군 어업의 수위를 차지하는 것으로는 연간 어획량의 3할을 차지하고 있는 새우잡이를 들게 된다"고 밝히고 있다. 새우가 강화군 전체 어획량의 30퍼센트나 차지했다는 것이다.

전국 추젓의 대부분은 강화 쪽에서 잡힌다고 한다. 선수포구를 포함한 강화 일원에서 잡히는 추젓이 전국의 70~80퍼센트는 된다고 김용

'길'을 양팔 벌리듯 늘인 꽁당배들

순 경인북부수협 판매사업소장은 설명한다. 2014년 경인북부수협이 위탁 판매한 것만 총 1만 1천여 드럼이라고 한다.

물때가 맞을 경우, 초지대교를 지나다 보면 김포와 강화 사이를 흐르는 염하 한가운데에 배 여러 척이 가만히 떠 있는 모습을 볼 수 있다. 마치 양팔을 벌리고 있는 듯 '길'을 양쪽으로 늘이고 있다. 바로 꽁당배의 새우잡이 모습이다. 흐르는 강물처럼 세월도, 새우잡이 꽁당배의 내력도 그렇게 흘렀다.

선수포구를 나오면서 시골에 계신 어머님께 새우젓 한 통 부쳐 드렸다.

백 년 항구의 기억,
인천선구(船具)

며느리가 물려받은 일제강점기 선구점

　　　　　아버지가 아들에게 가업을 물려주는 경우는 여럿 있
어도 며느리가 시아버지의 일을 이어받는 경우는 그리 흔하지 않다.
웬만한 남자들도 배겨 내기 어려운 뱃일과 관련된 것이라면 더더욱 그
렇다. 인천의 오래된 선구점(船具店) 중에 시아버지가 하던 것을 물려
받아 40년 넘게 계속하는 곳이 있다. 인천시 중구 항동 '한국 기독교
100주년 기념탑' 앞 '인천선구'. 주인은 이정양(72) 씨다.

　'인천선구'는 이 씨의 시아버지가 하던 가게다. 시아버지는 총각 때
일제강점기 일본인의 선구점에서 심부름하는 사환으로 시작해 해방이
되면서 그 선구점을 넘겨받았다. 시어머니는 일본인 집에서 밥도 해
주고 하면서 돈을 벌었다고 한다. 해방 이후 시아버지가 도맡아 한 때
부터만 따져도 이제 70년이 된다. 며느리 이정양 씨는 서른 살 때부터

그 선구점을 운영했다. 스물여섯에 시집왔을 때만 해도 이 일을 하리라고는 꿈에도 생각해 본 적이 없다. 친정집은 식모를 두고 살 정도로 부유한 집안이었다. 당시 여자로서는 드물게 고등학교까지 나왔다. 남편은 결혼 당시 서울의 한 대학교 강단에 서 있었다. 교수 부인이었던 것이다. 그런데 어느 날 느닷없이 시아버지가 중풍으로 쓰러졌다. 남편은 책만 파는 철학 교수였고, 시동생들은 선구점에는 전혀 뜻이 없었다. 선구점을 접느냐 계속하느냐는 기로였다. 어쩔 수 없이 셋째를 밴 맏며느리가 잇는 수밖에 없었다. 당시 남편의 월급은 9만 원이었다. 뱃속의 아이까지 두 살 터울로 셋이 딸려 있어 남편 월급으로는 먹고살기가 버거웠다. 그래서 시작한 것인데, 그만 여기까지 오고 말았다. 후회도 많이 되지만 운명이라 받아들인다.

"평생 이 그물에 묻혀 지냈어요. 후회가 되지요. 그런데 주어진 거라 생각해요. 어쩔 수 없잖아요."

인천에 언제 선구점이 처음 생겼는지는 명확하지 않다. 다만, 1936년에 나온 '인천상공인명록(仁川商工人名錄)'에는 인천에 있던 선구점이 다섯 곳으로 기록되어 있다. 모두 일본인이 운영하던 것이었다. 그 다섯 곳 중 한 곳에서 이정양 씨의 시아버지가 일했을 수도 있다.

인천대학교 양준호 교수가 2009년에 펴낸 『식민지기 인천의 기업 및 기업가: 데이터베이스의 구축』이라는 책에는 일제강점기 인천 지역 선구점 주인들이 어떤 사람들이었는지를 간략하게나마 알 수 있게

하는 흥미로운 대목이 있다. 이케스에 이치로(池末一郎, 1873년생)는 러일전쟁이 있던 1905년에 조선에 건너와 인천에서 어업에 종사했으며, 1913년 어구 등을 파는 선구점, 이케스에상점을 개업했다. 이시카와 구라요시(石川倉吉, 1874년생)는 러일전쟁에 종군해 그 공으로 8등 훈장을 받았으며, 1914년 인천에서 선구점을 열었다. 히로타 다카시게 (橫田孝茂, 1876년생) 역시 1905년에 조선으로 건너와 인천에서 선구상 가라이 에이타로(加來榮太郎)의 상점에 들어가 지배인을 했으며, 1926

년 3월 실적을 인정받아 영업 부문 전부를 이어받아 선구점인 히로타 상점을 냈다.

러일전쟁 시기에 일본인들이 조선에 건너와 어업을 벌였으며, 이것이 자연스럽게 선구와 어구를 판매하는 상점의 개설로 이어졌다는 것을 알 수 있다. 전쟁 시기에는 군량으로 생선이 필요했을 터이고, 또한 전쟁의 승리로 인해 일본인들이 인천에 대거 몰려들면서 그들이 좋아하던 생선의 수요도 덩달아 급증하게 되었으며, 그에 따라 고기잡이에 필요한 어구나 선구의 전문 매장이 생긴 것이다. 이후 인천은 일제의 수산자원 수탈의 거점으로 활용되었다.

인천선구 사무실에서는 참 오래되어 보이는 큼지막한 금고가 각종 서류 뭉치나 음료수 병 등을 올려놓는 탁자처럼 쓰인다. 장식용은 아니지만 무거운 금고를 어디 치우기도 무엇하고 버리기도 그렇고 해서 그냥 두고 있는 것이다. 이 금고는 해방되기 전부터 있던 것이다. 언젠가는 도둑이 들었다가 금고 문을 열지 못하고 빈손으로 돌아간 일도 있다고 했다. 도둑이 갖은 방법을 쓰고도 어찌하지 못한 채 금고 문짝 틈에 상처만 내 놓고 말았다는 이야기였다. 세월의 흔적이 깊어 보이는 금고에 바짝 다가가 살펴보았다. 전혀 생각지도 않았던 '三菱製' 표시가 대번에 눈에 들어왔다. 단어 뜻처럼 마름모꼴 세 개를 위로 펼쳐 놓은 그 로고가 선명히 박혀 있었다. '日本' '東京' 등의 문구까지 들어간 미쓰비시(三菱) 고유의 상표였다. 일제 때부터 있었다는 인천선구에서 본 미쓰비시 상표는 거리에 돌아다니는 미쓰비시 자동차의 로고를 보았을 때와는 사뭇 다른 느낌으로 다가왔다. 인천을 중국 대

금고 앞의 이정양 씨(위)와 금고의 '미쓰비시' 로고(아래)

류 침략의 전진기지로 삼기 위해 부평과 동구 만석동 일대를 군수기지화한 일제와 그 하수인이었던 '미쓰비시의 망령'이라도 본 듯싶었다.

미쓰비시는 인천이라는 도시 입장에서는 잊을 수도 없고 잊어서도 안 되는 존재다. 일제는 1930년대 말 부평 일대를 조병창(造兵廠)이라는 이름의 초대형 군수공장 지대로 조성했는데, 일본의 주력 군수업체인 미쓰비시중공업이 핵심 기업으로 참여했다고 한다. 그 군수공장에 전국 각지의 노동력을 끌어모으고, 한반도는 물론이고 중국에서까지 밥그릇이며 숟가락 젓가락까지 쇠붙이라는 쇠붙이는 모조리 빼앗아다 군수품을 만들었다. 『인천시사』나 『부평사』 등에 따르면, 한 달 생산량이 소총 4천 정, 총검 2만 정, 소총 탄환 70만 발, 포탄 3만 발, 군도 2천 정, 차량 200량 등이었다. 그 공장 노동자들은 주로 외곽에 흩어져 살았다. 지금 인천지하철 1호선 동수(東樹)역 부근도 그중 한 곳이었다. 사람들은 그곳을 '삼릉(三菱)'이라 불렀다. 인천시에서 2001년 지하철을 개통하기에 앞서 동네 이름의 정확한 내막도 모른 채 역 이름을 '삼릉'으로 지으려 했다가 치욕스러운 이름이라는 반발에 부딪혀 '삼릉' 이전의 명칭인 '동수'로 정하는 우여곡절도 겪었다. 동수역 쪽에 가면 지금도 '삼릉'이라는 명칭을 붙인 가게나 사무실을 어렵지 않게 볼 수 있다. 어떤 이들은 이 동네에 왕의 능 3기가 모여 있어서 그렇게 부르게 된 줄로 잘못 알고 있기까지 하다. 이는 마름모를 일컫는 '릉(菱)'과 임금의 무덤을 지칭하는 '릉(陵)'을 혼동해서 그렇게 되었을 터이다.

부평조병창 부지는 미군의 한반도 진주 이후 아주 잠깐을 제외하고는 지금까지 계속해서 미군 부대가 주둔하고 있는 땅이기도 하다. 그 땅에서는 또, 잘 알려지지는 않았지만, 한국전쟁 중에 반공 포로 탈출과 학살 사건도 빚어졌다.

인천선구의 미쓰비시 금고는 어떤 경로로 이 자리에 서 있게 된 것일까. 상표에 쓰여 있는 것처럼 일본 도쿄의 미쓰비시중공업 본사에서 제작한 것을 인천까지 싣고 온 것인지, 아니면 부평 어느 공장에서 만든 것을 인천선구의 전 일본인 주인이 사들인 것인지는 알 길이 없다. 일본에서 여기까지 싣고 온 것이든 부평에서 만든 것이든, 어느 쪽이든 기분이 언짢기는 매한가지다. 미쓰비시의 군수물자는 직접적인 침략 도구였고, 인천에서 수산업자들에게 팔려 나간 어구와 선구들은 우리 바다의 수산자원을 수탈하는 도구였다. 그 돈을 쓸어 담아 누구에게도 빼앗기지 않고 간직하려 했던 것이 바로 이 금고가 아닌가. 금고 하나가 미쓰비시의 인천 내력과, 또한 일제의 수산자원 수탈까지를 떠올릴 수 있게 했다. 이런저런 사연을 안고 있는 인천선구는 그 지나온 세월만큼이나 귀중한 존재임에 틀림없다.

앞에서 말한 몇 곳의 일본인 선구상 중 하나가 썼던 금고일 수도 있겠다고 생각하니 그 금고 속을 더욱 열어 보고 싶어졌다. 이정양 씨는 금고 번호를 어딘가에 적어는 놓았는데 당장 찾을 수가 없다고 했다. 금고 속에는 아직도 시아버지의 도장이며 명함이며 어음 끊던 것들을 죄다 넣어 두었다고 한다.

그물 손질 40년에 곱던 손가락은 다 닳고

인천선구의 그물은 주인 이정양 씨의 손을 거쳐 나간다. 그물 손질은 하기 쉬운 일이 아니다. 꽃게, 새우, 숭어, 망둥이, 고기마다 그물이 다 다르다. 같은 새우 그물이라 하더라도 강화에서 잡느냐 덕적에서 잡느냐에 따라 그물이 또 다르다. 정말 가지가지다. 꽃게 그물이 제일 비싸고, 망둥이 그물이 가장 싸다. 40년 넘게 그 많은 그물을 손질하느라 손가락이 다 닳았다. 그물을 조립하는 나무틀도 이정양 씨가 직접 고안하고 짠 것이다. 틀 위에 칼날을 박고, 널빤지에는 그물코의 길이를 재는 눈금을 따로 새겨 넣었다. 이정양 씨 나름의 그물 손질 노하우가 이 틀에 담겼다.

"시아버지 하실 때만 해도 뱃사람들이 그물을 가져다가 자기들이 손질해서 쓰고는 했는데, 언제부터인가 가게에서 다 해 줘야 갖다 씁니다. 그렇지 않으면 안 가져가요. 그물 만지는 틀은 자꾸 하다 보니까 내가 일하기 좋게 하기 위해 만든 거고요. 이게 다 사는 지혜이지요. 이 틀로 그동안 돈도 많이 벌었네요."

그물 이야기를 듣다 보니 궁금한 게 많아졌다. 고기잡이를 나가기 전, 배에서는 무엇을 준비할까.

2014년 3월 8일 오전, 소래포구. 주말이어서인지 이른 시간부터 공영 주차장에 차를 댈 데가 없을 정도로 사람들이 몰려들었다. 소래대교 밑에 정박한 봉영호는 출어 준비가 한창이었다. 작년부터 꽃게잡이 어선 봉영호에서 뱃일을 시작했다는, 방글라데시에서 온 샤하닷 후센(27) 씨의 손놀림이 분주했다.

신홍호 선주 이화영(57) 씨는 2월 28일에 배를 덕적도 서방 10마일 어장으로 내보내면서 2천500만 원어치의 어구(漁具)를 장만했다. 200미터짜리 로프 3개, 중대형 스티로폼 100개, '꼭뚜다마'라 부르는 부표 30개, 어망 10필 등을 갖추는 데 그렇게 들었다고 한다.

선구점에서 알아듣지 못한 용어를 이해하기 위해 포구 현장을 찾아 선주들을 만났는데, 거기서는 더 어려운 말을 썼다. 한 물, 두 물, 세 물, 여섯 물 사리, 한객기, 대객기, 무쉬, 꺾음 들의 용어를 도무지 알아들을 수가 없었다. 조류가 세고 느리고를 따지는 말이었다. 무쉬나 조금 때는 물살이 약하고, 사리 때가 제일 세다. 그들이 쓰는 달력에는 날짜마다 그 용어들이 따로 표시되어 있다. 인천항 기준으로 만든 '물때 달력'이다. 전라도나 충청도 등지의 뱃사람들이 쓰는 용어도 비슷하기는 한데, 날짜가 달라진다고 했다. 지역마다 물때가 다른 것이다. 예전부터 '파시'는 물살이 센 사리 때를 일컬었다.

예전과 요즘 어구의 차이는 규모에 있다고 한다. 전에는 셋이서 그물을 메고서 배에 싣고 내릴 수 있었는데, 지금은 그물이 그 세 배나 커져서 도저히 사람의 힘으로는 움직이기가 어렵다고 했다. 보름마다 그물을 걷어 섬에다 말리면서 그물코에 낀 것들을 떼어 내는 작업을 하는데, 그때 그물 옮기는 것도 기계의 힘으로 한다고 한다.

인천 앞바다에서 잡히는 어종도 많이 달라졌다. 이화영 씨는 예전에

그물을 손질하는 이상양 씨

는 농어 천지였다고 했다. 지금은 그렇게 흔하던 것이 보기 어렵게 되었고, 잡히지 않던 문어나 대구 같은 것들이 올라온다고 한다.

농어는 일제강점기 일본인들이 조사한 인천 근해 어종에도 포함되어 있었다. '경성공립소학교연합 교육연구회 이과부'가 1931년 발행한 『인천 근해 생물도감』에는 농어, 조기, 동갈민어, 전어 등이 인천 근해에 서식하는 어종으로 나온다. 별상어, 노랑가오리 등도 당시 인천 근해 어종에 포함되어 있었다.

"어업이 안 되니 선구점도 같이 죽어…"

뱃일은 봄보다도 일찍 시작한다. 배가 움직인다는 것은 겨울이 다 갔다는 이야기나 마찬가지다. 선주가 가장 먼저 할 일은 배를 정비하고 뱃일에 필요한 장비를 갖추는 것이다. 이때가 되면 선구점도 덩달아 바빠진다. 하지만 마음만 그럴 뿐, 경기가 영 신통치 않다.

'한국 기독교 100주년 기념탑'이 있는 파라다이스호텔 앞은 1970년 대 초반까지도 지금과는 달리 어선들이 드나들던 어항 겸 여객항이었 다. 자연스레 이쪽에 선구점이 몰릴 수밖에 없었다. 하인천은 인천 선 구점의 원조 동네라고 할 수 있는 곳이다. 이곳의 터줏대감 격인 인천 선구조차 경영난에 허덕인다. 3월 초, 본격적인 출어기로 접어들었는 데도 아직 개시조차 하지 못했단다. 이정양 씨는 "어업이 안 되니 이 것도 같이 죽는 것"이라고 했다. 선구점을 하다가 빚을 져서 자살한 사람도 있다고 했다.

실제로 인천 지역에서 잡히는 수산물 통계를 보니 갈수록 생산량이 떨어지고 있었다. '통계청 어업생산동향조사'에 따르면, 2000년 총 수 산물 생산량이 4만 1천300톤이었는데, 2013년에는 2만 8천200톤에 불과했다. 13년 사이에 30퍼센트 이상 줄어든 것이다. 생산량 집계 방 식에 약간의 차이가 있기는 하지만, 20년 전인 1994년에는 인천 지역 수산물 생산량 총계가 6만 9천600톤이었다. 그때와 비교하면 무려 60 퍼센트 가까이 떨어진 것이다. "어업이 안 되어 같이 죽는 것"이라던 이정양 씨의 말이 새삼 무겁게 다가왔다.

인천선구 건물은 일본인이 할 때부터 있던 집을 1978년도에 다시 지 은 것이다. 그때 인천에서 전국체전이 열렸는데, 인천선구는 은행 대 출을 받아서 지었다고 한다. 이 일대가 그때 다 같이 건물을 새로 지었다. 다시 짓기 전에는 집이 일본식 그대로였다고 한다. 지금도 건물 뒤 축대 쪽은 옛날 게 남아 있다. 1950년 인천상륙작전의 그 포화 속에서도 해안가 이 동네는 살아남았었다는 이야기다.

인천선구가 건물을 새로 짓던 1978년에도 인천의 선구점 경기는 요즘처럼이나 바닥이었던 모양이다. 경인일보(당시 경기신문)는 1978년 새해 들어 신년 기획으로 인천의 오래된 가게를 찾아 소개하는 '고포(古舖)' 시리즈를 실었다. 1월 7일 자에는 그 다섯 번째로 선구점 '신양상사' 편을 게재했다. 신양상사는 일제강점기인 1938년 인천시 중구

경인일보의 고포(古舖)
시리즈 '신양상사' 편

해안동 2가 10번지에서 개업했다. 개업 당시에는 인천에 선구점이 2~3개에 불과했고, 장사가 잘되었다. 1970년대 초반에는 인천에 선구점이 30여 개소로 늘었다. 그 뒤 어항이 연안부두로 옮겨 가면서 예전의 장소에는 손님이 끊겼다. 월 평균 250만 원 정도의 판매고를 올리면서 겨우 적자를 면하는 정도였다고 신문은 전했다.

그때나 지금이나 옛 어항 자리의 선구점에는 손님의 발길이 뜸하다. 인천 시내를 잿더미로 만들었던 인천상륙작전 때의 억수같이 쏟아지던 포탄까지도 피해 갔던 '인천선구'가 지금의 불황은 어떻게 견뎌 낼 수 있을지 걱정이다. 🖉

짠물 인천의
몇 안 남은 소금밭,
시도염전

소금, 전쟁 중에는 쌀값과 맞먹어

　　2014년은 다시 이순신의 해였다. 16세기 이순신 장군이 400년의 세월을 뛰어넘어 이 시대의 문화 아이콘으로 다시 태어났다. 이순신의 영화는 공전의 히트를 쳤고, 이순신의 일기는 책이 안 팔린다고 아우성인 출판계를 물들였다.

　『난중일기(亂中日記)』는 장군 자신의 일상사를 이야기하듯이 진솔하게 풀어냈기에 아주 쉽다. 하지만 언뜻 이해하기 어려운 대목도 간혹 있다. 필자가 특별히 궁금하게 여기는 부분은 1597년 10월 16일 자이다.

　　내일이면 막내아들의 죽음을 들은 지 나흘째가 되는 날인데 마음 놓고 통곡하지도 못했다. 염한(鹽干, 소금 굽는 사람) 강막지의 집으로 갔다. 이경(二更)에 순천 부사(우치적), 우후(虞侯) 이정충, 금갑도 만

호(이정표), 제포 만호(주의수) 등이 해남에서 돌아왔는데, 왜적 열세
명과 적진에 투항해 들어갔던 송언봉 등의 머리를 베어 왔다.

— 『난중일기』(노승석 옮김, 민음사, 2012)

아들 면(葂)의 죽음을 통곡하는 것과 염한 강막지의 집으로 간 것 사
이에 뭔가 연관이 있을 법도 한데, 깊은 내막까지는 알 길이 없다. "마
음 놓고 통곡하지도 못했다. 염한 강막지의 집으로 갔다(不能任情痛哭,
到于鹽干姜莫只家)"는 대목을 노산(鷺山) 이은상(李殷相, 1903~1982)은
"마음 놓고 울어 보지도 못했으므로 염한 강막지의 집으로 갔다"고 해
석했다. 보기에 따라서는 실컷 울기 위해 소금을 굽는 염한 강막지의
집에 간 것으로 이해할 수 있다.

소설가 김훈은 그의 대표작 『칼의 노래』에서 이 장면을 참 기막히게
도 풀어냈다.

저녁때 나는 숙사를 나와 갯가 염전으로 갔다. 종사관과 당번 군관
을 물리치고 나는 혼자서 갔다. 낡은 소금 창고들이 노을에 잠겨 있
었다. 나는 소금 창고 안으로 들어갔다. 가마니 위에 엎드려 나는 겨
우 숨죽여 울었다. 적들은 오지 않았다.

임진왜란 시기에 염한 강막지가 만들어 낸 소금은 전쟁 물자였다.
이순신 장군은 『난중일기』 여러 곳에 소금에 대해 기록했다. 전선(戰
線)에서 정보를 수집해 보고한 휘하 장졸들에게 '술 쌀 10말과 소금 1

곡(斛)'을 보내면서 좀 더 분발할 것을 당부하기도 했다. 1곡은 10말을 나타낸다. 쌀과 소금을 똑같은 분량으로 보냈다는 것은 소금이 그만큼 값어치가 있다는 말이기도 하다. 실제로 임진왜란 당시 소금 값은 쌀값과 엇비슷했던 모양이다. 앞서 나온 오희문의 일기『쇄미록(瑣尾錄)』1596년(병신년) 12월 9일 자에 보면, "소금 13두를 팔았더니 쌀 12두 6되이다"라는 대목에서 전쟁 중에 소금이 얼마나 비쌌는지가 드러난다.

이순신은 관할하던 위수 지역의 섬에 염전을 조성했다.『난중일기』1597년 10월 시점에서는 13개 섬에 염장(鹽場)을 설치했고, 감독관도 따로 임명해 그 염전을 관리했다. 앞에서 언급한 것처럼 소금을 굽는 사람도 별도로 두었다. 소금은 당시 본영(本營)에서 통제 배급했을 정도로 중요한 물자였다.『난중일기』1596년 2월 11일 자를 보면, "보성의 계향유사 임찬이 소금 쉰 섬을 실어 갔다"는 대목이 있다. 꼼꼼한 이순신 장군의 결재 아래 각 지역의 수요에 맞게 소금을 지원했음을 알 수 있다. 그렇게 하려면 장군의 본영에는 엄청난 양의 소금이 준비되어 있어야 했을 터이다.

소금은 사람의 몸에서 한시도 빠져서는 안 되는, 작지만 꼭 필요한 존재다. 우리가 쓰는 말에 그 중요함이 녹아 있다. 소금 염(鹽) 자는 신하(臣)가 소금(鹵)을 그릇(皿)에 담아 두고 지키는 형상이다. 소금이 귀하기로는 동서양이 다르지 않았다. 고대 로마의 병사들은 월급을 소금(salt)으로 받았기에 솔저(soldier)라 불렸고, 샐러리맨의 샐러리(salary) 역시 그 소금에서 연유했다.

전쟁 직후 '480 양곡' 받으며 조성

　　　　　일제가 한반도에서 수탈의 주요 대상으로 삼았던 것
도 소금이었다. 인천에 최초의 천일염전이 들어선 것은 우연이 아니었
다. 1907년 일제는 인천 주안에 천일염전을 조성했다. 1900년 개통한
경인선 열차로 많은 양의 소금을 서울로 신속하게 운반할 수 있는 적
지였기 때문이다. 일제는 뒤이어 군자와 소래 쪽에도 대규모 염전 지
대를 조성했다. 그러고는 소금을 실어 나를 철도까지 깔았다. 일제가
천일염에 열을 올린 것은 소금의 판매에도 목적이 있었거니와 군수품
조달에 꼭 필요한 염화나트륨을 얻기 위해서이기도 했다. 염화나트륨
은 폭약 등 각종 무기의 제조 과정에서 없어서는 안 될 기초 품목이다.
일제가 중국과 전쟁을 벌이던 1941년 화약, 뇌관 제조 공장인 조선유
지화약공업(朝鮮油脂火藥工業)을 소래염전과 가깝고 남동염전과 맞붙
은 인천 고잔동에 설립한 것이 우연은 아닌 듯싶다.

　일제강점기 인천은 천일염의 최대 산지였다. 그 때문에 '인천 사람'
은 '인천 짠물'로 불리고는 했다. 염전이 인천의 대명사로 인식되었던
것이다. 그런 인천에서 염전 찾기가 쉽지 않다. 소래염전은 이제 관광
객에게 보여 주기 식으로 남았을 뿐이다. 섬 지역에 남은 몇 곳만이 명
맥을 유지하고 있다.

　인천시 옹진군 북도면 시도(矢島)에도 염전이 있다. 이순신 장군이
그 시절 운영했을 '소음도(所音島, 전남 완도군 소안도로 추정)'의 염전 모
습과 자꾸 비교하게 된다. 물론 예전에 바닷물을 끓여 소금을 만들던

자염(煮鹽)과 지금처럼 바닷물을 가두었다가 바람과 햇볕에 말려 가면서 소금 결정을 얻는 천일염(天日鹽)은 그 생산 방식부터가 전혀 딴판이다.

시도염전은 시도에서 오래 산 나이 든 주민들에게는 아련한 기억을 떠올리게 하는 시설이다. 주민들이 남녀노소 가릴 것 없이 뛰어들어 갯벌에 둑을 만들어 염전을 일군 것이기 때문이다. 한국전쟁 때였다. 주민들은 1·4후퇴에서 복귀한 이후라고 했다. 남부여대(男負女戴), 말 그대로 남자는 돌덩어리와 흙을 등에 지고 여자는 머리에 이고 이 둑을 막았다. 10대 중반의 어린아이들도 나섰다. 그러고는 그 대가로 밀가루나 보리쌀과 같은 먹을 것을 받았다. 먹고살기 위해 둑을 막았다. 주민 최병모(75) 씨는 60년도 더 지난 일이지만 당시 둑을 막을 때가 아직도 떠오른다.

"내가 시도국민학교를 막 졸업했을 때니까, 열네 살 때로 기억해요. 그때 온 동네 사람들이 다 달라붙었어요. 남자들은 돌을 지고, 여자들은 이고요. 일이 끝나면 어두워지니까 남포를 매달아 놓고 (일당을) 나누어 줬어요. 내가 제일 어렸지요. 정확한 분량은 기억나지 않는데 통밀도 주고, 보리쌀도 주고, 현금도 주고 그랬어요. 한번은 그 남포가 바닥에 떨어지는 바람에 불이 날 뻔했던 적도 있어요."

이 시도 염전에는 열네 살 어린아이의 땀방울까지 스며들어 있는 셈이다. 이 염전의 주인은 여러 번 바뀌었다. 주민들은 다섯 번 정도 바

시도염전. '480 양곡'으로 막은 제방 위에 해당화가 활짝 피었다.

뀐 염전 주인들에 대해서도 여전히 기억하고 있었다.

주민들은 당시 일하고 받은 밀가루와 통밀을 '480 양곡'이라고 불렀다. 주민들이 말하는 '480 양곡'은 약칭 'PL 480'이라고 하는 '미국의 농업 수출 진흥 및 원조법(Agricultural Trade Development and Assistance Act)'에 의한 원조 식량을 가리킨다. 미국이 1954년 법제화한 것으로,

미국 내 농산물의 과잉생산 시에 가격 폭락을 막고 제3세계의 식량 부족 문제도 덜기 위한 방편으로 제정한 '잉여농산물 원조법'이다. 미국 국무부도 공개 자료에서 "PL 480은 아이젠하워 정부 시절 과잉생산된 농산물을 감소시키는 것이 주요 목적이었다"면서, 그 입법 취지가 미국의 남아도는 농산물의 처리에 있었음을 인정하고 있다.

시도염전이 공부(公簿)에 처음 등록된 것은 1959년이다. 토지대장에는 '단기 4292년(1959년) 4월 20일 매립 준공'한 것으로 되어 있다. 당시 지목(地目)은 '염전'이었다. 면적은 염전과 저수지 등을 합쳐 15만 1천753제곱미터이다. 염전 공사를 마쳐 놓고도 준공은 한참 늦어진 것으로 보인다. 최병모 씨는 당시 제방을 쌓으면서 '480 양곡'을 나누어 주었던 염전 소유자 이름까지 외우고 있었다.

옹진군이 1989년 펴낸 『옹진군지(甕津郡誌)』에 따르면, 1987년 4월 기준으로 옹진군 내에는 총 53개의 염전이 소금을 일구고 있었다. 많은 수가 1950년대에 조성되었다.

외딴섬에서 개인이 시행하는 염전 축조 현장에서 정부 차관인 미국산 밀가루와 옥수수 가루가 노임으로 지급될 수 있었던 것은 어찌된 영문일까. 그것은 소금 값 폭등과 맞물려 있다. 해방 전부터 소금 생산량이 소비를 따라가지 못해 많은 양을 수입하지 않으면 안 되었다. 인천시에서 1983년 편찬한 『인천 개항 100년사』에 따르면, 해방 당시에는 소금 한 가마니를 쌀 한 가마니와 맞바꿀 정도로 소금 값이 비쌌다고 한다. 앞에서 언급했던 임진왜란 당시처럼 소금 값이 천정부지로 뛰었던 것이다. 전시 상황과 마찬가지로 소금 품귀 현상이 빚어지자

정부는 '소금 증산 5개년 계획'이라는 것을 수립했다. 계획 연도는 1952년부터 1956년까지였다. 이 정책에 따라 민간 염전 개발 축조 자금이 지원되었다. 정부가 들여온 미국의 차관 물자가 시도에까지 풀릴 수 있었던 이유가 바로 여기에 있지 않나 싶다. 불행히도 이 정부 정책은 대실패로 끝났다. 나라 땅인 갯벌을 나랏돈으로 막아 큰돈 들이지 않고 염전을 만들 수 있었으니, 너도나도 염전을 조성하겠다고 덤벼들었던 것이다. 해방 당시 2천951정보(町步)였던 남한 내 염전 면적이 1958년에는 1만 1천580정보로 10여 년 사이에 무려 네 배 가까이 증가했다. 과유불급(過猶不及), 지나침은 미치지 못함과 같은 법. 소금 값이 곤두박질칠 수밖에 없었다. 이때부터 정부의 염전 정책은 오락가락을 거듭한다. 염전 개발을 중지시켰고, 지원금을 주고 민간 염전을 다른 용도로 바꾸도록 유도했으며, 염전을 갖고 있는 민간인이 소금 생산을 중단하는 대가로 또 예산을 지원하기도 했다. 1960년대 말에는 60킬로그램들이 한 포대에 230~250원이었다. 이때 포대당 75원씩의 지원금을 주고 인천에 세워진 동양화학에서 공업용 소금으로 처리하도록 한 일도 있다.

염전을 만들라고 정부 예산을 지원하고, 염전을 하지 말라고 또 지원하고, 식용을 공업용으로 만들라고 다시 지원하고, 그동안의 오락가락한 정부 염전 정책을 보노라니 뒷맛이 영 개운찮다.

1975년에 북도면 면장을 한 최영윤(75) 씨는 "내가 면장으로 온 이후에 염전을 가동했던 것으로 알고 있다"고 했다. 시도염전은 정부의 지원책으로 매립해 놓고도 정부의 또 다른 지원책에 의해 염전 목적대

천일염이 처음 시작된 인천에도 천일염을 파는 곳은 이제 많지 않다.

로 쓰지 않았다는 이야기다. 최영윤 전 면장은 둑을 만들어 바다를 막은 뒤에 농토로 쓰다가 염전으로 바꾼 것으로 안다고 했다. 시도염전에도 정부의 눈먼 돈이 참 많이도 들어간 셈이다.

시도염전은 강성식(73) 씨가 주인으로부터 임대해서 하고 있다. 염부(鹽夫) 다섯 명을 두고서 한다. 시도염전을 맡아서 한 지는 15년가량 되었다. 시도염전은 시도에 있는 염전이어서 그렇게 부르는 것일 뿐이다. 원래 상호는 '강원염전'이다. 올해는 이순신 장군이 아들의 부음을 듣고 소금 창고에 들어가 울었던 그해, 1597년 정유년처럼 소금이 풍년이었다. 날이 좋았기 때문이다. 시도염전에서는 올해 20킬로그램들이 1만 5천 포대 넘게 나왔다고 한다. 많이 난 만큼 값은 내려갔다. 염전 현지에서 사면 한 포대에 1만 원이다. 시도와 영종도 삼목선착장을 오가는 뱃삯이 있어서 택배 서비스는 좀 비싼 편이다.

소금 포대는 갈수록 가벼워지고 있다. 사람들이 무거운 걸 들기 싫어해서다. 20킬로그램짜리 포대가 나온 지는 3년 정도 되었다. 그 전에는 30킬로그램짜리였다. 강성식 씨가 시도염전에서 소금을 처음 냈을 때는 30킬로그램 한 포대에 5~6천 원 했었다. 1960년대만 해도 한 포대에 60킬로그램을 담았다. 그 한 포대에 230~250원 했다. 60킬로그램 할 때의 포장재는 가마니였다. 소금 가마니를 전문으로 짜는 공장도 있었다. 지금 나오는 포대는 'PP'라고 하는 폴리프로필렌(polypropylene)으로 만든다. 포장재며 무게며 값이며, 참 많이도 변했다.

시도에서는 충청도나 전라도에 비해 염전을 하기가 버겁다고 강성식 씨는 설명했다. 한강 물 때문이란다. 바닷물의 염도가 높아야 일하기가 편한데, 한강과 가깝다 보니 민물과 섞이게 마련이어서 다른 곳보다 소금 나는 양이 많지 않다는 이야기다. 그래서 시도에서 나는 소금이 더욱 좋다고들 한다.

"우리 일하는 시간은 하늘이 정합니다"

일제강점기 인천의 소금 생산량은 폭발적이었다. 1933년 일본인들이 펴낸 『인천부사(仁川府史)』에 따르면 당시 주안, 남동, 군자 등지에서 생산한 천일염이 한반도 전체 수요의 21퍼센트를 충당할 수 있을 정도로 생산량이 많았다.

일제는 인천을 소금 수탈의 핵심 기지로 삼았다. 1920~1930년대 인천항의 풍경을 담아낸 현덕(玄德, 1912~?)의 대표 소설 『남생이』에 등장하는 것처럼 중국 산둥성의 소금을 산더미같이 쌓은 채 소금 선창에 들어오던 중국의 호렴(胡鹽) 배들은 일제가 인천에서 시작한 천일염에 밀려 자취를 감추었다.

해방 후 인천의 거대한 염전 지대는 공업화의 바람 속에서 사라져 갔다. 천일염의 시발지 주안염전은 1968년 주안공업단지로 대체되었다. 1922년 조성된 남동염전 역시 마찬가지였다. 1980년대에 남동공단에 그 자리를 내준 것이다. 1937년 생긴 소래염전 또한 1990년대 중반 제 모습을 상실했다. 지금은 그저 일부를 복원해 놓고 '천일염은 이렇게 만드는 것'이라고 관광객에게 알려 주는 생태공원의 부속품 정도로 관리되고 있을 뿐이다.

바로 그 소래염전이 잘나가던 1970년대 초반만 해도 염전의 현장은 감독, 염시장, 반장, 부반장, 증발부, 보조원, 작업수 등으로 나뉘어 있었다. 종업원만 몇 백 명 규모였다.

인천에는 이제 염전이 몇 안 남았다. 인천시가 파악하는 허가된 염전은 모두 여섯 곳인데, 시판용 소금을 생산하는 곳은 그중 네 곳이다. 중구 을왕리에 두 곳이 있고, 옹진군 백령도에 하나가 있고, 여기 시도에 나머지 한 곳이 있을 뿐이다. 2013년 말 기준으로 인천의 천일염 생산량은 1천155톤이었다. 돈으로 치면 4억 2천600만 원어치다. 전국에서 차지하는 비중은 0.3퍼센트였다. 꼭 80년 전인 1933년의 21퍼센트와 비교하면 그야말로 격세지감이다.

염전만 사라지는 게 아니다. 사람이 없다. 소금 일을 하려는 젊은 사람이 없다. 젊은이들이 고된 일을 꺼려서다. 시도염전의 염부들은 그래서 다들 할아버지 소리를 들을 정도로 나이가 많다. 그래도 이들은 소금 만드는 일에 이골이 나서인지 당장 소금밭을 떠날 생각은 없다. 염전이 유지되는 한, 힘이 닿는 한 염판을 밟을 것이다.

염전 작업은 3월부터 10월까지 이루어진다. 지난 5월에 갔을 때에는 60여 년 전에 막았다는 제방에 꽃이 활짝도 피어 있었다. 당나라 현종의 애첩 양귀비가 스스로를 비유했다던 해당화였다. 주민들의 땀으로, 미국의 '480 양곡'으로 막은 그 제방의 해당화는 유난히 예뻤

소금 창고

다. 시성(詩聖) 두보도 그저 바라보기만 했을 뿐 차마 시로 옮기지는 못했다는 그 해당화 꽃 속을 벌들이 부지런히도 들락거렸다. 10월 말에 다시 찾았을 때에는 결정지의 염부들도, 제방의 해당화도 다 어디로 가고 없었다. 대신, 5월에 텅 비었던 소금 창고에는 소금 포대가 가득했다.

강성식 씨는 시도에 오기 전 경기도 평택 포승 쪽에서 염전을 20년 정도 했었다. 그곳이 매립되는 바람에 이곳으로 오게 되었다. 강 씨는 충청남도 태안이 고향이다. 태안 지역은 전통적으로 염전이 유명한 곳이다. 그곳에서 어려서부터 염전 일을 배웠다. 강 씨는 그렇게 평생을 염부로 살아왔다.

"우리는 출퇴근 시간이 없어요. 그저 하늘이 시키는 대로 할 뿐입니다. 날이 좋으면 아침 일곱 시에도 나오고, 그렇지 않으면 늦게도 나오고 아예 못 나올 때도 있지요. 우리가 일하는 시간은 하늘이 정합니다."

천일염(天日鹽)은 한자 뜻 그대로 날씨에 전적으로 의존해 생산한다. 염부들은 해가 뜨거울 때 결정지에 나가 일해야 한다. 허리를 숙이고 쉴 새 없이 고무래질을 해야 하는 염부들은 두 개의 이글거리는 태양과 싸워야 한다. 머리 위에 내리쬐는 햇볕을 등에 져야 하고, 증발지에 갇힌 바닷물이 토해 내는 햇볕을 얼굴로 받아야 한다. 그 이중의 뜨거움을 견디며 소금을 일구는 염부들의 땀방울은 다른 땀보다 더 짜면

짰지 싱겁지는 않을 터이다.

　염부들은 하늘에 기대어 바닷물에 기대어 살고, 우리는 그 염부들의 땀에 기대어 소금에 기대어 산다.

평화로운 가위질 소리,
뒷골목 이발소
신광이발관

간판 없어도 괜찮아

　　시인 김수영(金洙暎, 1921~1968)은 교통사고로 세상을 떠나기 석 달 전, "무허가 이발소의 딱딱한 평상에 앉아서 순차를 기다리는 시간처럼 평화로운 때는 없다"고 했다. 김수영은 "변두리인 우리 동네의 이발관에까지도 요즘에 와서는 급격하게 '근대화'의 병균이 오염되어서 라디오 가요의 독재적인 연주에다가 미인계를 이용한 마사지의 착취까지가 가미되어 좀처럼 신경을 풀고 앉아 있을 수가 없다"면서, 손님을 끌기 위해 변신에 변신을 거듭하는 발 빠른 이발소 세태와는 동떨어진 뒷골목 이발소를 예찬했다.

　김수영이 평화로움을 느꼈다는 그 딱딱한 나무 의자가 있는 뒷골목 이발소. 인천시 남구 숭의동 주인공원 골목에 꼭 그런 이발소가 있다. 마치 무허가여서 숨기라도 한 듯이 간판도 달지 않았다. 안에 들어서

신광이발관

면 오래된 느낌부터 확 끼친다. 제약회사를 선전하는 문구가 선명한, 옛날 약국에서나 보았을 법한 긴 나무 의자에다, 네모난 작은 타일이 촘촘히 박힌 시멘트 세면대의 모양새가 그야말로 옛날식 이발소다. 건축물관리대장에 나와 있는 이 집의 신축 연도는 1964년 1월이다. 이발소 면적은 16.69제곱미터, 다섯 평 남짓이다. 이 작은 이발소는 그때부터 지금까지 50여 년 동안 이 동네를 지키고 있다.

　이원호(66) 사장이 이 자리에서 이발을 한 지는 20년이 넘었다. 이 사장은 자신이 처음 이곳에 온 때를 1993년으로 기억한다. 집주인에게 준 월세 보증금이 500만 원이었다. 전임자에게 권리금도 350만 원이나 치렀다. 이원호 사장은 이 이발소를 시작할 때 총 1천50만 원을 들였다고 한다. 이발소 이름은 그 이전부터 '신광이발관'이었다. 몇 년 전 태풍 때 바람에 날려 간판이 떨어졌는데 다시 달지 않았다. 어차피 손님 대부분이 단골이어서 간판이 소용없기 때문이다. 이원호 사장이 맡은 뒤로도 신광이발관의 틀은 그대로다. 이발 의자만 바꾸었을 뿐이다.

이원호 사장이 이발 기술을 처음 익힌 것은 10대 후반이다. 아버지가 한국전쟁 때 학살당한 뒤로 집안이 급격히 기울었고, 어린 이원호는 중학교도 제대로 다니지 못했다고 한다. 밥벌이를 위해 기술을 배워야 했다. 고향인 전라북도 장수군 계남면사무소 앞에 있던 이발소에서 머리 깎는 기술을 익혔다. 기술을 배운 지 얼마 지나지 않은 1970년에는 이발 면허도 땄다.

"그때만 해도 도청에서 시험을 주관했어요. 필기와 실기로 나뉘어 있었는데, 필기 과목은 공중위생학하고 피부 뭔가 하고 네 가지였어요. 실기 때는 수험생이 서로의 시험 재료가 되어야 했어요. 그래서 응시자에게는 시험 보기 15일인가 20일 전에는 머리 깎지 말라는 단서 조항도 있었습니다. 열 명이 응시했다면 1번부터 5번까지 가위를 들고, 6번부터 10번까지는 손님이 되는 것이지요. 끝나면 자리를 바꾸고요. 참, 옛날얘기네요."

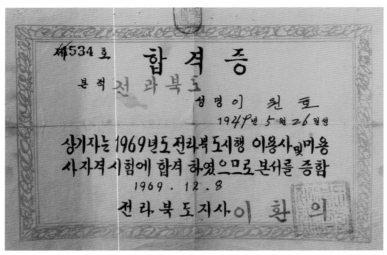

이용사 자격시험 합격증. 1969년 12월에 시험에 합격하고, 1970년 2월에 합격증을 찾았다.

이원호 사장은 이발 면허를 딴 뒤 서울, 대전, 평택 등 대도시 이발
관을 떠돌았다. 당시 이발소는 철저한 분업 체계였다. 머리를 깎는 이
발사가 따로 있고, 면도만 전문으로 하는 직원도 따로 있었다. 머리를
감겨 주는 직원, 드라이만 따로 해 주는 직원도 있었다. 종업원이 많을
수밖에 없었다. 그만큼 손님도 많았다. 드라이를 매일 하는 손님도 있
었다고 한다. 그렇게 기술을 익히고 돈을 벌어 고향에 번듯하게 이발
소를 차렸다.

이원호 사장은 40년 넘게 이발을 하면서 잊을 수 없는 일화도 많다.
1990년대 초에는 대통령을 만나기도 했다. 노태우 대통령 시절이다.
노 전 대통령이 전라북도에 초도순시 나왔는데, 그때 모범 시민 열네
명에 뽑혀 나간 것이다.

"일반인 열네 명하고 도청에 모인 사람이 대통령을 포함해 모두 125명이었습니다. 대통령은 그중 49명하고만 악수를 하더라고요. 당시 경호 책임자가 하던 말을 아직도 기억합니다. 악수할 때 대통령 손을 꽉 잡지 마라, 정해진 사람이 아니고는 입도 열지 마라, 탁자 위로는 손을 올리지 마라, 그런 것이었는데 그 위세가 대단했지요."

군청 앞에서 이발관을 10년 넘게 하면서 돈도 꽤 벌었다. 이원호 사장은 아이스크림과 우유 대리점 사업으로 전환했다. 1987년부터 1992년까지 한 5년 동안이다. 생각대로 되지 않았다. 당시 돈으로 1억 3천만 원가량 날렸다. 2천만 원을 대출받아 쥐고는 서울에 가서 살 데를 찾아보니 어림도 없었다. 인천이 집값이 싸다고 해서 오게 되었다. 이원호 사장에게 인천은 망하다시피 해서 솔가해 온 제2의 고향이다. 인천에 터를 잡은 뒤에도 이발은 하지 않겠다고 생각해 택시 운전이라도 해 볼까 해서 며칠 핸들도 잡아 보았고, 직장 생활도 해 보려 했지만 '배운 게 도둑질'이라고 어쩌하다가 다시 가위를 들게 되었다.

"상고머리예요, 가뜩이나 밉상인데 뒷박머리는 안 돼요"

이원호 사장이 인천시 남구의 주인선(朱仁線) 철로변 허름한 이발관을 구해 들어왔을 때만 해도 인천에는 이발소가 1천500여 개나 되었다고 한다. 지금은 800여 개로 20여 년 만에 이발소

숫자가 두 동강이 났다. 누구나 머리는 깎는데 손님이 곤두박질친 것은 다들 미용실로 가기 때문이다. 지금은 남자들이 아무런 거리낌 없이 미용실에 머리를 맡기지만, 예전에는 중학교 1~2학년 하는 여학생들까지도 다들 이발소에서 머리를 잘랐다고 한다. 남학생들이 '상고머리'였다면 여학생들이 하는 것은 '상고 단발머리'였다고 한다.

오정희의 소설 『중국인 거리』에도 1950년대 후반, 남자아이 여자아이 가릴 것 없이 드나들던 이발소가 등장한다.

키가 작아 의자에 널빤지를 얹고 앉아 나는 어머니가 일러 준 대로 말했다.

"상고머리예요. 가뜩이나 밉상인데 뒷박머리는 안 돼요."

그런데 다 깎은 뒤 거울 속에 남은 것은 여전히 뒷박머리였다.

인천시 중구 청관거리 부근에 살던 작가 오정희의 아홉, 열 살 때 이야기다. 이원호 사장의 지금 신광이발관에도 『중국인 거리』에 나오는 어린이용 의자 널빤지가 있기는 하다. 그런데 오는 애들이 남자아이 네 명밖에 안 된다고 한다.

옛날 인천에서는 거리에서도 이발하는 이발사가 있었던 모양이다. 부둣가를 오가는 사람을 상대로 호객을 한 뒤 아무 데나 자리를 깔고 머리를 깎던 '거리의 이발사'였다. 그 모습은 현덕의 소설 『남생이』에 자세하다.

어린아이들을 위한 이발용 깔판

그는 두루마기 속에 이발 기계를 감추어 차고 선창으로 나갔다. 커다란 구두를 신고 그것이 무거워 그러는 듯이 뻗정다리로 질질 끈다. 그러나 선창에 나가 그 많은 사람 가운데서 머리 깎을 자를 끌어내는 수는 용하다. 그럴 듯한 사람이면 꾹 찍어 창고 뒤, 잔교 밑 으슥한 곳으로 끌고 가 채를 벌인다. 그는 막 깎는 머리 이상의 기술은 없다. 그러나 오 전 십 전 주는 대로 받는 이것으로 객을 끈다. 그는 남에게 반말 이상의 대우를 받지 못하는 대신 저도 남에게 허우 이상의 말을 쓰지 않는다.

팔짱을 찌르고 직수굿이 머리를 맡기고 앉았는 검정 조끼 입은 자는 이발 기계를 놀리는 바가지에게 말을 건다. 노마 어머니 얘기다.

1920∼1930년대 인천항을 배경으로 한 작품인데, 선창가 이발 풍경을 이보다 더 실감 나게 그린 작품을 찾기 어려울 만큼 세밀하다.

이발하는 모습이 낯설지 않던 도회지 인천과는 달리, 시골에서는 장가들기 전에는 머리를 길러 땋는 게 일반적이었던 모양이다. 시골에서는 이발소를 찾기도 어려웠다. 시골 서당에 다니다가 도시 학교에 들어간 어린 학생이 처음으로 이발했을 때의 기억은 늙은 뒤에까지 선명히 남을 만큼 강력한 것이기도 했다. 삼성그룹 창업주 이병철(李秉喆, 1910∼1987) 회장의 자서전 『호암자전(湖巖自傳)』에도 첫 이발 장면은 뚜렷하다.

서당 친구들과 작별하고 둘째 누이의 시가가 있는 진주의 지수보

통학교 3학년에 편입하게 되었다. 누이 집에 도착하자 곧 이발소에 가서, 아침마다 어머니가 손수 땋아 주던 긴 머리를 싹둑 잘라 버렸다. '일신을 부모에게 받으니 훼손하지 않음이 효의 시초이다.' 서당에서 배웠던 글귀가 문득 뇌리를 스쳐 갔던 그날도, 벌써 60여 년 전의 먼 옛날이 되어 버렸다. 그것은 11세에 고향을 떠난 나의 개화의 날이었다.

이병철 회장은 어릴 적 처음 이발한 것을 자신이 개화한 상징으로 여겼다. 이발사는 어떤 사람이었고, 머리 모양은 어떠했으며, 이발 비용으로 얼마나 지불했는지는 염두에 두지 않았다. 이병철 회장의 첫 머리 깎기 추억 역시 1920년대 우리의 모습인데, 같은 시기 현덕이 풀어낸 사람들로 분주하던 인천항의 이발 장면과는 딴판이다. 인천항 선창가에서는 품에 이발 도구를 갖고 다니던 이발사들이 호객 행위도 했고, 되는 대로 '막 깎는 머리'로도 벌이가 될 만큼 손님이 있었고, 값은 주머니 사정 되는 대로 치르면 될 정도로 일정하게 정해진 것이 없었다. 소설가 현덕과 기업가 이병철은 나이가 비슷한 또래였는데, 이발이란 한 가지를 놓고서도 무엇을 보느냐의 간극은 이처럼 컸다. 신광이발관 이원호 사장이 그랬던 것처럼, 이발은 아무 가진 것 없고 배운 것 없는 사람들이 큰돈 들이지 않고 배울 수 있었던 기술이었다. 그 점은 현덕이 묘사한 것처럼 80~90년 전 인천에서도 마찬가지였다.

머리 깎는 것은 손님이 가장 편하게 느끼는 곳에서

신광이발관 안에서 이발의 지난 일을 이야기했다면, 이발소 밖에서도 보아야 할 것이 하나 있다. 이발소 건물은 좁다라면서도 길디긴 공원과 마주하고 있다. 바로 주인공원이다. 예전에 열차가 다니던 주인선 부지를 공원으로 꾸몄다. 기차가 다니던 곳으로는 사람들이 알맞게 큰 나무 사이로 걷고, 양 옆은 아스팔트로 포장된 차도다. 그 양쪽 차도에는 인근 주민들이 차를 댈 수 있게 한 노변 주차장이 길게 나 있다.

주인선(朱仁線)은 부평 미군 부대와 수인선 남인천역 부근 미군 부대 사이의 물자 수송을 위해 1957년 착공해 1959년 준공한 것이다. 남인천역 미군 부대가 옮겨 간 뒤인 1980년대에는 인천과 충남 연무대 사이의 입영 열차 운행 노선이었다. 부평 미군 기지의 기능이 축소되면서 주안~남인천 구간은 아예 끊어졌다. 지금의 주인공원은 그 주인선 폐선 부지이다.

이원호 사장이 영업을 시작했을 때에는 이 주인선에 열차가 다니지 않았다고 한다. 그러나 신광이발관은 이 주인선에 열차가 오가는 것을 빼놓지 않고 지켜보았다. 또, 입영 열차를 타고 연무대로 향하던 입영 전야의 청춘들도 이 신광이발관을 지나쳐 갔을 터이다.

신광이발관과 45년 경력의 이발사 이원호 사장에 얽힌 그 많은 이야기를 속 시원히 듣기 위해 2014년 봄부터 초겨울까지 다섯 번쯤 이발관을 찾은 것 같다. 갈 때마다 매번 머리를 깎았다. 목요일 점심때에

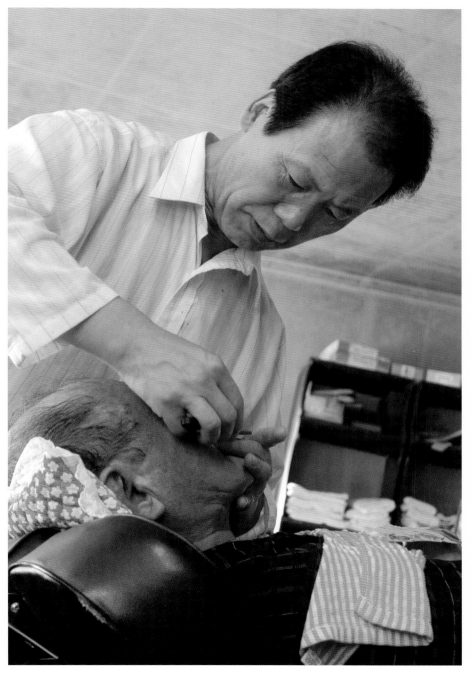

면도 중인 이원호 사장

맞추어 갔다가 허탕을 친 일도 있다. 매주 목요일이 휴일이라는 것은 그다음 갔을 때에야 알았다. 그러면서 단골이 되었다. 신광이발관에는 그 흔한 '정기 휴일 안내판'도 없다. 손님은 단골이 대부분이고, 단골은 이발소가 언제 쉬는지 다들 알기 때문이다. 단골 중에는 미리 전화로 예약하는 사람도 있었다. 한번은 인터뷰 시간 끝 무렵, 금요일 오후 여섯 시쯤 되었을 때였다. 전화가 울렸다. 서울에서 퇴근 후에 와 이발하려고 하는데, 그 시간까지 문을 열 수 있냐는 것이었다. 예약이라기보다는 이발소 문을 닫지 말아 달라는 부탁 전화였다. 신광이발관은 보통 오전 열 시부터 오후 여덟 시까지 문을 여는데, 그날은 아마 아홉 시에나 끝났을 것이다. 그래도 그 손님은 이원호 사장에게 아주 귀한 존재다.

이원호 사장에게 "이발소 손님이라도 늘려 줘야겠다"면서 "회사 동료들한테라도 소개해야겠다"고 했더니, 손사래를 친다.

"머리 깎는 것은 억지로 하면 안 됩니다. 손님은 가장 편하게 느끼는 그곳에서 머리를 잘라야 하는 거니까요. 그게 제가 지금까지 이발하면서 느낀 전부입니다."

건어물 사십오 년,
영신상회

중학교 2학년 때 월남,
고아 처지서 부모와 극적인 해후

　　　　　여든한 살 노인은 오늘도 어김없이 아침 여섯 시쯤
버스를 타고 출근했다. 동인천역 부근 가게에 도착하니 여섯 시 삼십
분. 하루 종일 가게를 지키다 오후 여섯 시 삼십 분이 조금 넘어서 퇴
근을 했다. 손님은 많을 때도 있고 적을 때도 있다. 한 사람이 올 때도
있고 두 사람이 올 때도 있다. 장사가 안 되더라도 가게 임대료를 내는
것도 아니고 해서 그냥 지키고 있다. 매일같이 반복하는 일이다.

　1934년생 최종림 할아버지의 '영신상회'는 경인전철 동인천역 건너
편 참외전로에 있는 건어물 가게다. '영신상회'는 1976년부터 이 자리
를 지키고 있다. 인천에서 가장 오래된 상가 골목 중 하나인 참외전로
청과물 상가의 주인들 가운데 최고 연장자가 최종림 할아버지다. 할아

버지가 인천에서 건어물 가게를 시작한 지는 45년이 넘었다.

'영신상회'에서는 마른 오징어, 멸치, 미역 등의 건어물 이야기보다 주인 최종림 할아버지가 살아온 옛날이야기를 듣는 데 더 마음이 쏠린다. 유치원까지 졸업한 할아버지는 초등학교는 두 곳을 다녔고 중학교는 세 군데나 다녀야 했다. 학교는 옮기고 싶어서 그런 게 아니다. 난리 통에 어쩔 수 없이 그렇게 되었다. 할아버지의 어린 시절 집안은 유복한 편이었다. 일제강점기 그 시절에 유치원까지 다녔으니 말이다. 천자문도 떼고 소학(小學)도 읽었다.

해주에 살다가 8·15를 맞은 최종림 할아버지 가족은 옹진으로 이사했다. 해주 장연에 살면서 유치원과 초등학교 4학년까지 다녔다. 할아버지는 유치원 이름을 잊지 않고 있었다. 경애(敬愛)유치원. 유치원을 졸업하고 경애국민학교 4학년 때 해방을 맞았다. 그리고 옹진으로 이사한 것이다. 그런데 38선 이남이었던 옹진반도에서는 당시 남북 간의 전투가 심심치 않게 벌어졌다. 그중 유명한 것이 일명 '까치산 전투'다. 옹진중학교에 입학했던 할아버지는 그 전투를 피해 연안읍으로 다시 이사해 연안중학교에 들어갔고, 2학년 때 전쟁이 터졌다.

"내가 황해도 연백군 연안읍 연안중학교 2학년에 올라가면서 6·25가 났어요. 그때 작은아버지와 둘이서 교동으로 몰래 넘어왔어요. 교동은 이북과 가까워서 물이 빠졌을 때는 바다가 낮은 강물처럼 물이 얕아. 물이 가슴까지 닿을 정도예요. 옷을 모두 벗어 머리 위로 올리고 걸어서 바다를 건너 교동으로 왔으니까요. 그러고는 바로 배를 타고 연평도로 갔다가 거기서 다시 LST 상륙함을 타고 전라도 여수로 갔는데, 바로 사람들을 부락마다 배분을 하더라고요. 작은아버지와 나는 여천군 삼일면에서 묵게 되었습니다. 배급이 나오기는 했는데 쌀만 조금 주니까 먹을 게 없잖아요. 그래서 나는 산에 가서 나무를 하고 작은아버지는 그걸 장에다가 내다 팔았어요. 그걸로 반찬도 사고 그랬지요. 참 옛날얘기네요."

여수에서 작은아버지와 그렇게 단둘이 피란 생활을 하던 할아버지

영신상회와 최종림 할아버지

는 기적적으로 아버지와 재회했다. 7~8개월 나중에 월남한 아버지가 전국 피란민들이 머물고 있는 곳으로 무작정 아들을 찾는 편지를 띄웠는데 할아버지가 그걸 우연히 본 것이다. 중학교라도 다녔다고, 할아버지는 당시 마을에서 피란민 반장을 맡을 수 있었다. 그 때문에 여수시청에 들락거리면서 아버지의 편지도 손에 쥘 수 있었다. 그러고는 아버지와 인천 송림동에 터를 잡게 되었다. 자칫 고아로 자랄 처지였던 할아버지는 기적적으로 아버지를 만나게 된 것이다. 할아버지는 "나는 참으로 복이 많은 사람이다. 행복하게 살았다"고 했다.

이야기 중에 아주머니 둘이 가게에 들어왔다. 마른 멸치하고 잘게 찢은 오징어채를 사러 온 것이었다. 인천시 남구 용현동에 사는데, 서울에 갔다가 집에 가는 길에 들렀다고 했다. '영신상회'를 찾아 멀리서 일부러 온 단골이었다.

"단골손님이 없으면 장사를 못 해요. 그런데 이제는 단골도 자꾸 줄어요. 단골들은 이제 할머니들이라 경제권을 며느리한테 넘기잖아요. 그러면 며느리가 이런 데 오나, 큰 데로 가지. 나이 든 단골들은 자꾸 돌아가고. 그러니까 손님이 갈수록 줄 수밖에 없는 거지요."

인천에 자리를 잡은 뒤 할아버지는 서울 영등포의 어떤 중학교에도 입학해 1년가량 다녔다. 고등학교에 들어가기 위해 중학교 졸업장이 필요했기 때문이다. 그러고는 인천 동구에 있던 영화고등학교(지금의 대건고등학교) 2학년에 편입해 들어갔다. 할아버지가 대건고등학교 1

회 졸업생이라고 했다. 정확한 입학 졸업 연도는 기억나지 않는다고 했다. 확인이 필요했다. 인천시 연수구에 있는 대건고등학교를 찾았다. 2013년 전국을 떠들썩하게 했던 '검찰총장 혼외 아들' 사건 여파인 듯, 개인 정보라는 이유로 옛 기록을 확인하기가 여간 까다로운 게 아니었다. 대건고등학교는 해방 직후인 1945년 영화중학교 설립 기성회가 발족하면서 시작했고, 고등학교 과정은 1953년 11월 인가받았다. 영화중고등학교는 1962년 개신교에서 가톨릭으로 재단이 넘어가면서 학교 이름도 김대건 신부에서 딴 '대건'으로 바뀌었다. 최종림 할아버지는 단기 4287년(1954년) 4월에 입학해 4289년(1956년) 3월에 졸업한 것으로 되어 있었다.

갑자기 한국전쟁 직후의 학생들은 어떤 과목을 배웠는지 궁금해졌다. 당시 영화학교에서는 국어, 사회생활, 수학, 과학, 체육, 도의(道義), 예능, 외국어, 실업 등의 교과를 개설했다. '도의'라는 교과가 눈에 띈다. 영화학교는 개신교계 학교여서 그랬는지 도의 교과에서 성경 과목을 가르쳤다. 국어에서는 강독·말본·문학사·작문·한문 5개 과목을, 사회생활에서는 공민(公民)·윤리·역사·논리·철학 5개 과목을, 수학에서는 대수·기하·미적분·삼각 4개 과목을, 과학에서는 물상·생물·물리·화학 4개 과목을, 체육에서는 체육·교련 2개 과목을 각각 가르쳤다. 필자가 고등학교를 다니던 1980년대 중반에도 교련은 있었다. 교련 과목의 전통도 꽤나 오래되었던 셈이다. 또한 예능에서는 음악·미술·공작 3개 과목을, 외국어에서는 영독·영작문·불어·독어·중어 5개 과목을 가르쳤다. 그리고 실업 교과에 상업·경제 과목을 개설했다. 9개 교과로 나누어 총 30개 세부 과목을 가르친 것이었다.

지금은 2014년 고교 2학년을 기준으로 한 보통 교과의 경우 국어, 수학, 영어, 사회(역사·도덕 포함), 과학, 체육, 예술(음악·미술), 기술·가정, 제2외국어, 한문, 교양 등 총 11개 교과로 되어 있다. 이들 각 교과는 수십 가지의 과목으로 나뉘어 학생들이 선택하게 했다. 교과목에서 보면 지금이 60년 전에 비해 훨씬 세분되어 있는 것이다.

최종림 할아버지는 다양한 직업을 거치면서 예상 밖의 일을 하기도 했다. 현대건설이 울산에 경인에너지 공장을 짓던 때 1년여 동안 경리를 맡아 일하기도 했고, 스테인리스 외판원 생활도 2~3년 했다.

군 생활은 인천에서 했다. 그리고 군에 있을 때 결혼도 했다. 인천 부평에 있던 고사포 부대에 배속 받았는데, 거기서 부대 밖 구멍가게 아주머니의 중매로 제대 말년에는 결혼까지 한 것이다. 1960년 무렵이다.

집 팔아 중앙시장에 건어물 가게 마련

그 시절 대개의 사람들이 그랬겠지만 최종림 할아버지도 20대 후반까지 오는 과정이 참으로 복잡다단했다. 건어물 가게로 자리 잡기까지도 우여곡절이 많았다.

할아버지는 인천항에 있던 미군 부대에서 목수로 2년 정도 일하기도 했다. 화물열차가 들어오면 나무로 만든 열차 문짝 같은 걸 고치는 일이었다. 외항에 화물선이 들어오면 짐을 하역하고 배에 싣는 일을 검

사하는 '삼한공사'라는 회사에서 2년가량 '체커(checker)'로 일하기도
했다.

최종림 할아버지가 처음 건어물과 인연을 맺은 것은 1969년께다. 인
천시 동구 송림동 집을 팔아서 당시 가장 번화하던 동구 중앙시장에
가게를 하나 사서 들어간 것이다. 그 중앙시장 가게를 팔고서 지금의
자리에 '영신상회'를 낸 것은 1976년 6월의 일이다.

"950만 원을 주고 이 이층집을 샀어요. 중앙시장 가게를 팔아서
700만 원을 마련했는데, 돈이 부족해 배다리 국민은행에서 250만
원을 대출받았지요."

할아버지는 중앙시장에서 처음 건어물 가게를 시작할 때 썼던 되를
아직도 쓴다. 할아버지는 그 되를 가리켜 "나하고 같이 늙어 가는 대
두 되"라고 했다.

영신상회 앞 큰길은 '참외전로'라고 한다. 인천 지역 청과물 시장의
원조 격인 '채미전거리'에서 따온 이름이다. 채미전거리가 조성된 것
은 1910년대의 일이다. 채미전거리에 얽힌 이야기는 한옹(汗翁) 신태
범(愼兒範, 1912~2001)의 『인천 한 세기』에 생생하다.

(참외전거리는) 1900년에 경인철도가 개통한 후 한국인 거주 지역
에서 축현역(현 동인천)을 왕래하기 위해 생긴 길이었다. 당시 철로
양편은 논과 미나리 밭이었다고 한다. 많은 남녀 기차 통학생이 참

40년 넘게 쓰고 있는 대두 되

외전거리를 이용했다.

당시 인천에 근교 농촌이던 장의리(현 숭의동), 도화리(도마다리, 현 도화동)와 가장 가까운 시내 요지였으므로 이곳으로 참외를 비롯한 청과물이 모이게 되어 이 길을 사투리로 채미전거리라고 부르게 된 것이다.

1910년대까지는 인천에 이렇다 할 과일이 별로 없었다. 근교 농가에서는 벼와 보리 농사가 위주였고 채소 농사는 청인(淸人)이 맡고 있었다.

19세기 말부터 일인이 소규모나마 과수 재배를 시작한 것이 인천에 과일이 생긴 시초였다. 穎原(에바라)농원(1897~1930, 송림동 현 동산학교 자리)과 北浦농원(1905~1945, 현 대헌학교) 그리고 東山농원(1908~1920, 현 숭의동 고급 주택지)에서 배를 재배했다. 仲野농원(1891~1920, 도원동 현 광성학교 일대)에서는 털복숭아를, 평산농원(1904~1945, 용현동 독쟁이고개)에서는 사과와 버찌를 생산했다.

율목공원 자리에 있던 서병의(徐丙義) 씨의 유일한 한국인 배 밭은 1902년에 일인 묘지로 팔렸고 일부 흔적은 최근까지 남아 있었다. 좌우간 과일 생산은 미미한 상태였다.

1910년대에 이르러 한국인 인구가 1만 5천이 넘게 되어 재래식 일용 물자의 수요가 급증했다. 따라서 여름철에는 인천을 목표로 근교에서 참외 재배가 성행했고 멀리 오류동에서까지 달기로 이름난 오리골 채미가 들어왔다.

참외 바리가 모여들던 곳이 바로 현재 채미전거리 철로 변 중앙일보 지국 뒤에 있던 미나리 논에 둘러싸인 기다란 습한 2백 평 가까운 공터였다. 군데군데 1접(1백 개)씩 쌓아 올린 무더기가 즐비했고 바리에 실은 채 서 있는 황소도 있었다. 흥정은 바리(2접)나 접 단위였다.

거의 모두가 재래종 청채미고 간혹 속이 노란 감채미와 하얀 사과 채미가 있었다. 사탕채미라고 하던 일본 종 조그만 노란채미(깅막가)와 개구리채미(성환참외)가 선을 보인 것은 30년대의 일이었다.

소가 일시에 십여 마리씩 들락거렸으니 물량도 상당했었다. 20~30년대가 참외전의 전성기였다.

(중략)

(6·25)동란을 계기로 참외도 없어지고 채미전 터마저 판잣집이 들어서게 되어 허울 좋은 거리 이름만 남게 되었다.

현재 채미전거리는 철로 변에는 과일 도매상과 농약 종자상이 빽빽하게 서 있고 건너편 청과 회사 쪽에는 넓은 야채 시장과 제수를 파는 모전, 고추 마늘 도매상이 즐비하게 자리하고 있다.

채미전 대신 들어선 청과물 시장 때문에 아직도 채미전거리는 명실공히 청과물 거래의 중심지로 군림하고 있다.

다소 길지만 앞의 내용을 인용한 것은 지금의 참외전로 역사를 아주 세세히 들여다볼 수 있게 하기 때문이다.

인천에서 과일이 본격적으로 생산되고 팔리게 된 것은 일본인들이 자리를 잡으면서였고, 참외가 인천의 여름철 대표 과일이 된 것은 1910년대 한국인 인구가 늘어나면서였고, 일본인들은 한국인 과수원 땅을 사서 자신들의 전용 묘지를 조성했으며, 참외 시장은 꽤 크게 벌어졌으며, 전쟁을 거치며 참외밭이 사라졌고, 채미전거리를 청과물 시장이 대체했다는 등등의 지금은 쉽게 접할 수 없는 먼 옛날이야기를 전하는 귀중한 증언이다.

구내식당 납품으로 대우그룹과 인연 맺어

이런 채미전의 역사를 아직도 간직한 이 작은 건어물 가게에서 한때 대한민국 경제계를 쥐락펴락하던 대우그룹 이야기를 듣게 되리라고는 전혀 상상하지 못했다. 최종림 할아버지는 건어물 장사만 한 것은 아니다. 할아버지는 인천 최대의 기업이었던 대우중공 업, 대우자동차, 대우전자 등의 구내식당 음식 재료를 납품하는 일도 한 적이 있다. 1978년부터 했다고 한다. 영신상회를 하면서 인천시 동 구 만석동의 당시 대우중공업(현 두산인프라코어)의 구내식당에 야채 등 재료를 납품한 것이다. 그러면서 대우가 부평에 있던 새한자동차를 인수하자 대우자동차 구내식당에도 식재료 납품을 했다. 부평공단의 대우전자 구내식당도 맡았다. 대우 쪽에 연줄이 있어서 가능한 일이었 다고 한다.

대우중공업의 역사는 인천에서는 그리 간단한 이야기가 아니다. 일 제강점기 대륙 침략의 전진기지로 쓰인 조선기계제작소에서 출발해 한국기계, 대우중공업, 두산인프라코어 등으로 바뀌어 왔기 때문이다. 대우자동차가 지나온 길은 1962년 새나라자동차에서 출발해 신진자 동차, 새한자동차, 대우자동차, 한국GM 등으로 이어지는 우리나라 자 동차 산업사와 궤를 같이하고 있다.

마침 2014년 11월 20일에는 김우중 전 대우그룹 회장이 '인천경영 포럼'이라는 조찬 강연회에 강사로 나와 당시 이야기를 풀어 놓기도 했다. 김우중 전 회장은 이 자리에서 1976년 한국기계, 1978년 새한 자동차를 각각 인수해 대우중공업과 대우자동차로 이름을 바꾸어 운 영한 것은 정부의 권유 때문이라고 털어놓았다. 당시 정부의 '권유'는 '압력'과 같은 뜻으로 읽어도 큰 무리가 없다.

어느새 날이 어둑해졌다. 할아버지는 일어나 물건 상자의 먼지를 터

는 것으로 퇴근 준비를 했다. 일제강점기 유치원 다니던 이야기, 한국
전쟁 전부터 남북 간에 크게 벌어졌던 황해도 일대에서의 전투, 어린
나이의 피란 생활, 항구 내에 있던 미군 부대, 인천 과일 시장의 내력,
인천에서의 대우그룹 등 최종림 할아버지의 인생에는 곡절 많은 인천
현대사가 그대로 녹아 있었다.

할아버지는 한마디 더 던졌다.

"옛날에는 마른 미역이 많이 나갔어요. 애를 낳든지 뭘 하더라도
미역을 많이 먹었는데, 요즘은 통 미역이 나가지를 않아요. 하긴 그
때는 워낙 어려우니 먹을 게 미역밖에 없어서 그랬지만, 허허." 📝

인천의 향기
그윽한
우봉다방

46년 전 열여덟 나이에 다방과 첫 인연

　　　　　우봉다방은 겉보기에 영락없는 시골 다방
이다. 문을 열고 들어서면 사각 테이블에, 흰색 천이 덮인 의자에, 그
저 그런 옛날식 다방일 뿐이다. 자리에 앉아 커피를 시키고 생각 없이
벽면을 둘러보면 그때서야 이 다방의 '내공'이 드러난다. 어울리지 않
게 그럴듯한 붓글씨며 그림이 좁디좁은 벽면을 장식하고 있다. 좀 색
다른 것은 또 있다. 파는 커피가 프림 섞인 그냥 '다방 커피'일 것으로
지레짐작하고 시켰는데 아메리칸 스타일의 원두커피가 나온다.
　차나 음료수를 마시면서 이야기하는 공간을 다방이라고 정의한다
면, 인천시 남구 주안의 우봉다방은 그것이 지나온 이력만으로도 정말
수많은 이야깃거리가 넘쳐 나는 곳이다. 인천에서 가장 오랜 세월 '다
방'이란 두 글자를 품어 온 곳이기도 하고, 1960~1970년대 인천을 주

름잡던 예술인들의 숨결을 만날 수 있는 흔치 않은 문화 공간이기도 하고, 법원과 같은 주요 관공서의 이전(移轉)의 역사까지도 끼고 있는 독특한 가게이다. 이렇듯 우봉다방에 얽힌 풍성한 이야기는 인천 도시 변천사의 한 페이지를 훌륭히 장식하고도 남는다.

입추 다음 날인데도 한여름 더위가 여전히 맹위를 떨치던 2014년 8월 8일 오후 우봉다방을 찾았다. 지난봄 우연한 기회에 처음 알게 된 뒤로 세 번째였다. 두 테이블에 손님이 있었다. 혼자 앉아서 생강차를 시키고 벽에 걸린 그림들을 보고 있노라니 공교롭게도 먼저 있던 손님들이 잇따라 자리를 떴다. 속으로 이때다 싶었다. 그 전 두 번은, 많지는 않았지만 손님들이 끊이지 않는 통에 진득하게 앉아 주인장과 이야기를 주고받을 수 없었다. 다방은 언제부터 했으며, 걸려 있는 작품들의 사연은 어떠하며, 그동안의 변화는 어떠했는지 등등을 세 번째 만에야 속 시원히 들을 수 있었다.

주인장은 65세의 여성이다. 이름은 절대로 밝히지 말아 달라는 바람에 그러겠다고 약속했다. 손님 중에 아무도 자신의 이름을 아는 이가 없다면서 그냥 '우봉'으로 불러 달란다. 그래서 이 자리에서는 편의상 주인장으로 호칭하기로 한다. 주인장이 인천에서 다방 일을 시작한 지 꼭 46년이 되었다. 강원도 영월에서 열여덟 꽃다운 나이에 인천으로 온 게 1968년의 일이었다. 오빠와 심하게 말다툼하고 먼 친척이 사는 인천으로 주소만 갖고 무작정 왔다. 그래서 얻은 첫 직장이 '다방'이다.

'우봉다방'의 처음은 '미라노다방'으로 거슬러 올라간다. 미라노다방은 인천시 중구 내동 120번지에 있었다. 도로명 주소로는 중구 개항로 41-1번지이다. 신포동 패션거리로 일컬어지는 곳이다. 옷, 신발, 아웃도어 상품 들을 파는 가게가 찻길 양편으로 죽 늘어서 있다. 몇 년 전만 해도 해가 떨어지면 을씨년스러울 정도로 상권이 쇠락했었는데, 요즘은 저녁이면 그야말로 불야성이다. 인천문화재단이 이쪽에 새로 둥지를 튼 것 말고는 특별한 변화 요인이 없는데, 어쩐 일인지 사람들은 '옛 거리'를 다시 찾기 시작했다. 구도심은 다 쓸어버리고 대형 상가 빌딩과 아파트를 지어야 '명품 도시'가 된다고 생각하는 대개의 도시 개발 구상을 비웃기라도 하듯 사람들은 그렇게 옛것에 빠져들고 있다. 사람이 몰리면 가게가 생겨나게 마련. 오랫동안 문을 닫았던 상점들도 누군가 다시 들어와 영업을 시작했다. 건물 전체를 헐고 새로 짓는 대신에 기존 건물의 틀을 활용하는 곳이 많다. 새로 난 가게 어딜 가나 이곳만의 특징인 '근대 건축물' 냄새를 풍긴다. 젊은이들도 이런 예스러운 분위기가 싫지 않은 듯하다.

주인장이 미라노다방에 취직했을 때 이 건물의 주인은 소위 '양공주'였다고 한다. 그래서인지 다방 이름도 서양식인 '미라노'가 된 것으로 주인장은 알고 있다. 주인장이 미라노다방에서 일하기 시작했을 때의 미라노 주인도 여성이었다. 그 여사장과 주인장은 평생 친자매처럼 지냈다. 그 여사장은 10여 년 전에 세상을 떠났는데, 마지막에는 우봉

미라노다방 시절의 주인장(왼쪽)과 여사장

다방의 명의를 주인장 앞으로 바꾸어 주었다고 한다. 여사장은 이화여대 사범대를 다닌 재원이었는데, 대학 때 남편을 만나는 바람에 학칙에 따라 졸업을 못 했다고 한다. 그래도 고향인 충청도에서 학교 선생을 하고 있었는데, 남편이 학교를 그만두고 다방에 필요한 재료를 파는 보따리 장사를 하자고 졸라 대는 통에 어쩔 수 없이 이 길로 접어들었다고 한다. 원두커피나 찻잔 등등을 파는 당시 다방 보따리 장사가 꽤나 돈벌이가 되었던 모양이다. 교사 출신 여사장은 건물주와는 그때 만났고, 건물주가 미라노다방을 맡아서 해 볼 것을 권유해 일이 시작되었다고 한다. 그때가 1960년대 초반이라고 했다.

미라노다방은 주위에 있던 법원과 검찰청, 경찰서 등 관공서가 주 고객이었다. 당시 법원이나 검찰청 직원들은 정부가 구정 설 명절을 쉴 수 없게 했기 때문에 쉬지 못하고 출근해야 했지만 식당들은 죄다 노는 바람에 점심을 해결하기가 난감했다고 한다. 이때 미라노다방에서 떡국을 끓여 댔단다. 법원, 검찰청 직원들과 식구처럼 가까이 지냈다는 이야기다. 물론 당시 판사가 여덟 명 정도로 지금과는 비교할 수조차 없을 만큼 규모는 작았다. 당연히 법원과 검찰청 각 사무실의 커피 배달은 미라노다방이 가장 많았다. 법원장 방에서 마시는 커피도 미라노다방이 도맡다시피 할 정도였다. 그러던 차에 법원과 검찰청이 중구 내동 시대를 접고 남구 주안 석바위로 청사를 이전했다. 1972년이다. 주 고객을 잃은 미라노다방도 영업장을 바꾸지 않을 수 없었다. 멀리 떨어지지는 않았지만 내동교회 바로 아래 더 넓은 곳으로 옮겼다. 그 자리가 우봉다방이다. 당시 나이 드신 할머니가 하고 있던 것을 다방 이름까지 여사장이 넘겨받았다고 한다. 그 자리에서 11년을 했고, 1983년에 지금의 자리로 옮겨 31년이 지났다. 다방 길 건너 남구보건소 자리에 그때는 남구청이 있었다. 1980년대 후반 남구청이 이전할 때까지만 해도 남구청 사거리 주변으로 다방만 10여 개가 영업할 정도로 다방 천지였다고 한다.

우봉의 연조(年條)를 말해 주는 세 가지

이 다방의 커피 값은 14년 전 그대로다. 체인점 형식의 커피 전문점은 동네마다 몇 개씩 될 정도로 많지만, 이런 옛날식 다방은 장사가 안 되니 값을 올릴 수도 없다. 주인장이 다방 일을 시작할 때인 1960년대 후반의 커피 한 잔 가격이 25원이었다고 한다. 그리고 30원이 되었다가 1972년 우봉다방으로 가면서 500원으로 껑충 뛰었고, 그 뒤로 800원을 받았다. 1983년 지금의 자리로 온 뒤에는 1,200원 1,500원 2,000원 2,500원 하는 식으로 올랐단다. 2000년에 3,000원으로 올렸는데 지금까지 그렇다.

커피 한 잔이 25원이던 시절, 다방에서는 홍차, 사이다, 콜라 등 마실 것과 함께 계란 반숙도 팔았단다. 계란은 반숙으로 살짝 삶아 낱개로 팔았다. 값은 커피와 같았다. 또 '위티' '깡티' 등 술도 팔았다. '위티'는 위스키와 홍차를 섞은 것이다. 위스키는 최백호의 노래 〈낭만에 대하여〉에 나오는 국산 '도라지 위스키'였다. '깡티'는 위스키 한 잔을 털어 넣는 강술이다. 안주 없이 마시는 게 안쓰러웠던지, '깡티'에는

14년 전 가격 그대로인 차림표. 위의 편액 글씨는 우초(又樵) 장인식 선생이 썼다.

언제부턴가 설탕물 한 잔이 따라붙었다. 위스키 한 잔을 마시고 타는 목젖을 설탕물로 달랜 것이다. 그 '위티'와 '깡티'는 50원씩이었다. 커피 값에 비하면 두 배나 비쌌던 것이다.

우봉다방에는 이 다방의 연조(年條)를 말해 주는 게 주인장 말고도 세 가지가 더 있다. 벽에 걸린 그림과 글씨가 그렇고, 카운터의 '티켓 판'이 그렇다. 이 두 가지는 눈에 쉽게 띄지만 가장 가까이 있으면서도 웬만해선 알아차리기 쉽지 않은 게 하나 더 있다. 바로 커피 잔이다. 그림과 글씨는 여기 오기 전부터 갖고 있던 것이고, 한 테이블에 무엇을 얼마나 시켰는지 따지는 '티켓 판'과 커피 잔은 이곳으로 오면서 새

파이렉스(PYREX) 커피 잔

로 장만한 것들이다.

'티켓 판'은 지금 커피숍에서는 좀처럼 볼 수 없는 구식 계산 시스템이다. 커피나 홍차, 음료수를 나타내는 빨강 노랑 파랑 등 고유 색깔의 작은 표식이 있고, 판에는 테이블을 가리키는 홈이 파여 있다. 홈에 표식을 넣어 어디서 무엇을 얼마나 마셨는지 알게 한다. 1번 테이블에서 커피 석 잔과 사이다 한 잔을 시켰으면 빨강 표식 세 개와 파란 표식 한 개를 1번 홈에 넣는다. 커피 두 잔을 추가하면 빨강 표식 두 개를 더하는 식이다. 요즘엔 어느 커피숍이든 선불로 계산하지만, 예전에는 다 후불이었기 때문에 '티켓 판' 계산 방식이 생겼을 것이다. 우봉다방의 이 귀한 '티켓 판'은 30년이 넘다 보니 곁에서 보더라도 많이 낡았다. 요즘은 '티켓 판'을 쓸 일도 없지만 그나마 만드는 곳도 없다.

커피 잔은 우봉다방에 걸맞게 투박하다. 그래서 눈에 잘 띄지 않는다. 그런데 '비싼 미제'다. 이쪽으로 올 때 천 개를 가져왔는데 이제는 몇 개 안 남았다. 잔 밑 부분의 'PYREX'라는 상표와 'MADE IN USA' 표시가 '미제'임을 확인시켜 준다. 미라노다방 시절부터 쓰던 물건 중 남은 유일한 것이 이 '미제' 커피 잔이다. 주인장은, 다른 커피 잔과는 달리, 이 커피 잔은 뜨거운 물에 넣고 팔팔 끓여도 손잡이가 떨어지지 않고 색상도 변하지 않는다고 했다. 커피 잔은 부평 미군 기지에서 흘러나온 것을 가지고 다니며 파는 아줌마들에게 주로 구입했다고 한다. 전국에 흩어진 미군들의 손에 들려 있어야 할 커피 잔이 우봉다방 손님들에게 쥐어진 것이다. 그 사이에는 부대 안팎의 중간 유통 과정이 복잡하게 얽혀 있었을 터이다. 이 커피 잔 한 세트에 만 원이었다고 한

다. 부평 미군 기지에 줄을 대고 '야매(야미やみ, 뒷거래)'로 거래하던 것이지만 생각보다 비쌌다. 그래서인지 이 찻잔을 훔쳐가는 손님도 많았다. 두꺼운 옷을 입는 겨울철에 특히 심했다. 숨겨 나가도 티가 나지 않기 때문이었다. 그렇게 나간 중고 찻잔은 오천 원씩에 거래되었다고 한다.

글씨와 그림은 작가들의 이름만으로도 따로 평가가 필요치 않다. 동정(東庭) 박세림, 무여(無如) 신경희, 우초(又樵) 장인식, 송석(松石) 정재홍 같은 쟁쟁한 서예가들에 서양화가 황추까지. 미라노다방의 단골이던 이들은 다방이 우봉으로 옮겨 가면서 각자의 작품들을 들고 왔다고 한다. 다방이 번창하라는 뜻이었다. 여사장은 들어온 작품을 벽에 걸고 별도의 시설을 해서 조명까지 비추었다고 한다. 보기에 멋이 있었는지, 어느 날 황추 선생도 "내 것도 걸지" 하면서 그림을 한 점 들고 왔다고 한다. 우봉다방에 들어서서 오른쪽 벽면 첫 번째 그림이 그것이다. 1974년에 그린 것으로 되어 있다. 딱 40년 전 이야기다.

한 다방이 품은 그 많은 이야기 타래들

예전의 다방은 확실히 문화 공간이었다. 전쟁 직후 인천에 있던 '호반다방'에서 열린 시화전 모습은 1957년 인천여상 국어 교사로 있던 이선종(李善鍾) 선생이 낸 수필집 『진달래』에 잘 그려져 있다. 1957년 3월 30일, 이선종 선생의

문화예술인들의 작품으로 벽이 장식된 다방 내부

시 「향수」가 '호반다방' 시화전에 출품되었다. 인천문학동인회 주최였는데, 열 명의 시인이 낸 작품을 걸었다. 벽면은 크림색으로 아담했다. 화가 김찬희, 시인 최병구, 한상억 등이 나섰다. 이선종 선생은 호반다방에 자신의 작품이 전시되었다는 사실에 무척이나 기뻐했다. 얼마나 좋았던지 이선종 선생은 그 기쁨을 주체하지 못하고 이를 수필에까지 써넣었다. 호반다방에서는 1954년에도 우문국 화백 등의 개인전이 열리기도 했다고 한다. 전시 공간이 부족하던 당시, 다방은 그 자체로 문화 공간이었다.

우봉다방과 관련해서 다방을 좀 안다는 어른들 사이에서도 잘못 알려진 이야기가 있다. 우봉다방의 카운터 여성이 전화교환원 출신이어서 전화 거는 손님들의 목소리만 듣고도 누군지 다 알아맞힐 정도여서 명성이 자자했다는 것이다. 그 카운터 여성은 우봉의 지금 주인장을 일컫는 것으로 보인다. 하지만 주인장은 교환원 출신은 아니다. 다만, 법원의 교환실에서 커피를 탄 적은 있다. 인천법원이 중구에서 남구 석바위로 이전했을 때 우봉이 법원 '구내 다방'을 잠시 한 적이 있다고 한다. 별도의 공간이 있었던 것은 아니고, 법원 내 교환실에서 커피를 타서 방마다 배달했다고 한다. 교환실로 전화해 커피를 주문하면, 주인장이 배달하는 식이었다. 중구에 있던 우봉다방의 남구 석바위 법원 '출장소'라고 할 수 있다. 한 7개월가량 그런 식으로 하다가 아예 다른 사람에게 구내 다방을 내주는 바람에 더 이상 못하게 되었다고 한다.

그러고 보니 우봉다방은 유난히 '미국'과 인연이 깊다. 이제껏 커피와 찻잔을 '미제'만 고집해 왔고, 주인장의 마흔 된 아들도 미국에서

산다고 한다. 주인장이 다방 인생을 시작한 건물 주인은 '양공주'였고, 작품을 희사한 황추 선생도 1976년 미국으로 이민을 갔다. 선생의 딸 황정란 씨가 몇 년 전 고향 인천에 온 적이 있다. 그때 황정란 씨가 아버지 그림이 우봉에 걸린 것을 알았다면, 인천에 있는 내내 우봉에 들러 차를 마셨을 듯하다.

주인장은 이튿날 영업이 끝난 뒤 옛 우봉다방이 있던 곳을 같이 답사하는 친절을 베풀어 주었다. 동인천역 삼거리에서 경동사거리 쪽 언덕 위 오른편이 내동교회다. 그 밑자락 허름한 6층 건물이 우봉다방이 있던 곳이다. 지금은 1층에 만두 가게와 휴대폰 매장을 제외하면 빈 건물이 되었다. 경동사거리에서 신포동 패션거리로 접어들어 100여 미터만 가면 미라노다방이 있던 자리가 나온다. 여성 의류 매장이 영업을 하고 있다. 그 옆 창제한의원 자리에서는 스포츠 전문 용품을 판다. 주인장은 법원 검찰청 쪽으로 배달하던 골목과 신포시장 골목 등 미라노다방 일대를 거닐면서 시곗바늘을 40~50년 전으로 돌려놓았다. 미라노 시절에는 여사장의 친척들이 다방에서 같이 일했으며, 다방 2층은 다방 식구들이 먹고 자는 살림집이었다고 한다. 당시 한 달 월급이 5천 원 정도 했던 것으로 기억했다. 주인장은 이 건물 저 건물에 대해 설명하면서 낯익은 이름 하나를 꺼냈다. 옛 한옥의 틀을 그대로 갖추어 놓고 보신탕 장사를 하는 '아서원' 앞에 이르렀을 때였다. "여기가 김재곤 씨 집이고요. 저기는… ." 그냥 지나치듯 던진 주인장의 말을 듣고는 '1950년대 인천 지방해무청장과 경기도 야구협회장, 국회의원을 지내고 5·16 군사 쿠데타 이후 정계를 은퇴한 그 김재곤이 여기 살았단 말인가' 하고 입이 벌어졌다. 그동안 가끔 아서원에 들러 정말 아무 생각 없이 보신탕을 먹었던 터라 더욱 놀랄 수밖에 없었다. 법원 자리 앞에 가서는 유승원 전 인천시장이 살던 집도 가리켰다. 유 전 시장의 집에서는 인천 앞바다가 바라보였다.

오래된 다방 한 곳이 이토록 많은 이야기의 타래를 풀어낼 수 있다니, 여전히 신기하기만 하다. 📝

인천 양복계의 간판,
이수일양복점

야간 고등학교마저 포기하고 뛰어든 직업전선

옷은 사람이 생활하는 데 가장 중요한 것 중 하나다. 우리가 흔히 쓰는 의식주(衣食住)라는 말이 인간 생활의 3대 요소인 옷, 음식, 집을 일컫는데 옷이 그중에서도 맨 앞에 서지 않는가. 우리는 왜 옷을 먹는 것보다도, 사는 집보다도 앞장을 세웠을까. 가나다순이라면 '식'이 앞서야 할 것이고, 규모나 가격으로 매긴다면 '주'가 먼저일 터이다. 이 둘을 제치고 '의'가 먼저 나온 것은 아마도 사람이 같이 지내는 시간의 많고 적음에 있지 않을까 싶다. 먹는 것이래야 하루 세 끼에 간식 정도가 고작일 터이고, 집 역시 머무는 시간의 양으로 치면 대개의 경우 잠을 자는 시간이 가장 많이 차지할 것이다. 그러나 옷은 밖에 나갈 때는 물론이고 잠잘 때까지도 입는다. 24시간 사람과 떠나지 않는 게 옷이라는 이야기다. 옷은 심지어 죽어서도 함께하지 않는가.

먹고사는 문제에 매달리는 수준을 벗어난 지금, 사람 생활과 관련해 떼려야 뗄 수 없는 이 옷을 구해 입기는 그다지 어렵지 않다. 그러나 기성복 가게는 지천으로 널렸으되 맞춤옷을 하는 양복점은 많지가 않다. 양복점은 손님이 갈수록 끊겨 다들 문을 닫는 추세다. 오래된 양복점을 찾기가 보통 어려운 게 아니다.

인천에서는 오래되고 유명한 양복점을 꼽으라면 중구 경동의 '이수일양복점'이 먼저 떠오른다. 이수일양복점의 대표는 '이수일' 씨다. 자기 이름을 따 가게 상호로 삼은 이수일 대표는 해방 직전인 1943년 황해도 연백에서 태어났다. 세 살 때 부모가 인천에 정착하면서 인천 사람이 되었다. 그리고 10대에 양복점에 취직해 기술을 배워 30대 초반에 '이수일양복점' 문을 열었다. 이수일 대표가 옷가게와 인연을 맺은 것은 양복점 취직부터 치면 50년이 넘었고, 이 가게 운영으로 잡아도 40년은 되었다. 이수일 대표는 자기 양복점의 정확한 설립 연도는 기억하지 못한다면서도 개업 날짜는 6월 25일이 분명하다고 했다. 많은 분들이 그렇듯, 이수일 대표 또한 젊을 적 지나온 길을 일기를 쓰듯이 적어 놓을 만큼 여유롭지 못했다. 먹고사는 일이 훨씬 더 급박하고 절실했기 때문이다.

이수일 대표가 양복 기술을 배우려고 양복점에 취직한 것은 열일곱 무렵이다. 인천시 동구 송림동에 살면서 가까운 서림국민학교를 나온 이수일 대표는 집안 형편이 어려워 야간 중학교에 다녔고 야간 고등학교를 중퇴했다. 당시 항도실업학교라는 야간 중고등학교가 있었다고 한다. 초등학교를 졸업하고 2~3년 있다가 야간 중학교에 들어갔고,

이수일양복점(인천시 중구 경동)

낮에는 남구 숭의동에 있던 라이터 공장에 다녔다. 송림동 집에서 숭
의동 공장까지 걸어서 한 시간 반가량 걸렸다고 한다. 중학생이면 한
창 공부하고 친구들과 놀고 해야 할 때인데, 당시 이 대표는 어린 나이
에도 불구하고 생계를 위해 공장에서 일했다. 그때는 그렇게 다들 어
려웠다. 동생들 공부를 위해 자신은 2학년까지 다니던 야간 고등학교
마저 포기하고 직업전선에 본격적으로 뛰어들었다. 기술을 배울 요량
으로 애관극장 맞은편에 있던 '선인양복점'에 점원으로 들어갔다.

"양복점에 들어간다고 처음부터 기술을 가르쳐 주는 것은 아니고 요. 먼저 심부름도 시키고, 가게도 보게 하고 그래요. 이렇게 하면서 어깨너머로 배우는 겁니다."

그렇게 5~6년 있다가 멀지 않은 신포동의 '태창라사'라는 곳으로 옮겼다. 스물이 넘었을 때였다. 1960년대 중반이다. 당시 태창라사에는 재단사 2명에 봉제사 15명 등 직원이 20명가량이나 되었다. 거기서 이수일 대표는 재단사까지 올랐다. 양복점에서는 재단사가 최고의 기술자이면서 책임자다. 그리고 스물여덟에 결혼하고 서른이 넘어서 독립했다.

마카오 복지(服地)에서 국산 원단까지

이수일 대표가 양복 기술을 배우기 10여 년 전인 1950년대 후반까지만 해도 국내에는 변변한 국산 양복이 없었다. 미군들이 입던 군복을 구해 물을 들인 뒤 고쳐서 양복처럼 입고 다니는 게 일반적이었다.

앞서 말한 이선종 선생의 수필집 『진달래』에는 단벌 군복 양복을 입어야 하는 50대 교사의 신세타령이 애달프다.

양복이라고는 UN군 아저씨들의 덕분으로 겨우 한 벌 얻어 입은 구제품(救濟品) 양복이 아닌가? 그나마도 춘하추동의 분별도 없이 입어서 색은 바랠 대로 바랬다.

이 군복 양복을 당시 '마카오 복지(服地)'라고 불렀다고 한다. 그 양복 값이 엄청나게 비쌌기 때문에 많은 사람들이 단벌이라도 구해 입으면 다행이던 시절이었다. 비단 이선종 선생뿐 아니라 너나없이 그랬던 때였다.

전쟁 후 국내 최초의 모직 공장을 세워 양복 원단의 국산화를 실현한 삼성그룹 창업주 이병철 회장은 자서전 『호암자전』에서 당시 모직 분야의 상황을 자세히 설명하고 있다.

당시 우리나라의 섬유산업이라고 하면 화섬(化纖)은 아직 싹도 트기 전이었고, 면방 공장(綿紡工場)이 몇 개 있기는 했으나 수요에 훨씬 미치지 못했으며 품질 또한 좋지 못했다. 모직(毛織) 역시 설비라고는 일제시대의 구식 기계를 수리한 것이 고작이어서 수공업의 영역을 벗어나지 못했다. 말이 모직물이지 군용 모포나 다를 바 없는 제품밖에는 생산할 수 없었다.

양복이라고는 대개 미군 군복을 염색한 것이었다. 이른바 마카오 복지는 한 벌에 웬만한 봉급생활자의 월급 석 달분이 넘었다.

이러한 상황 속에서 외제에 못지않은 값싸고 질이 좋은 복지를 생산하여 국민 모두가 손쉽게 양복을 입을 수 있게 됐으면 하는 소망에서 나온 것이 모직 공장 건설안이었다.

이병철 회장은 섬유산업의 열악한 현실을 타개하기 위해 1954년 국내 최초의 모직 공장인 제일모직을 설립했다고 밝히고 있다. 이 제일모직 공장에서 생산한 원단이 시중에 깔리기 시작한 게 1956년인데, 학교 교사이던 이선종 선생이 그때까지도 여전히 군복 양복 한 벌만 갖고 사시사철 입었다니 일반에 국산 원단이 퍼진 것은 그 뒤의 일일 터이다.

이병철 회장이 제일모직을 대구에 설립한 것이 대구가 섬유 도시로 부상하는 초석이 되었다. 대구가 뜨기 전까지는 강화를 포함하는 인천 쪽이 섬유 도시였다.

여기서 잠시 인천의 섬유산업이 지나온 길을 살펴볼 필요가 있다. 일제강점기부터 인천에는 대규모 방직 공장이 여럿 있었다. 그중에서도 대한민국 여성 노동운동사의 횃불 격인 동일방직이 대표적이다. 1959년에 나온 『경기사전(京畿事典)』을 보면, 인천 만석동의 동양방직(동일방직) 종업원이 2천271명으로 되어 있다. 인천 학익동에 있던 흥한방직 종업원은 961명이었다. 이들 대형 방직 공장 말고도 크고 작은 공장이 30여 곳에 달했다. 강화 것은 따로 쳐야 한다. 강화는 오래전부터 직물 제조업이 발달했다고 한다. 400여 년 전부터 강화 직물 제조가 있었다고, 1976년 강화문화원이 펴낸 『강화사』는 기술하고 있다. 『강화사』에 따르면 일제강점기에도 활발하던 강화 지역 직물 산업은 해방 후에도 이어져 1975년 기준으로 심도직물 등 열네 곳이나 되었다. 소규모 직물 공장도 10여 곳이나 있었다.

우리나라 섬유산업계에 일대 혁신을 가져온 삼성그룹과 인천 섬유산업의 인연이 아주 없지는 않다. 이병철 회장이 제일모직 직판장인 '장미라사'를 설립한 날인 1958년 12월 19일에 "동일방직(東一紡織)을 인수했다"고 자신의 연보에 적어 놓았다. 이병철 회장 연보에는 또 1959년 12월 5일에 "동일방직을 양도했다"고 되어 있다. 이 연보가 실린 『호암자전』은 이병철 회장이 세상을 뜨기 1년 전인 1986년에 쓰인 것이다. 삼성그룹이 1988년 내놓은 『삼성 50년사』 연보에도 역시 똑같이 씌었다. 『호암자전』의 내용을 가장 잘 안다는 삼성 관계자는 이들 연보에 실린 동일방직 인수와 양도 부분이 무엇을 말하는지 그 내용을 뒷받침할 만한 자료를 갖고 있지 않아 알 수 없다고 밝혔다. 인천의 대표적 방직 공장이면서 대한민국 여성 노동운동사의 서장이라 할 수 있는 동일방직이 삼성그룹의 역사와 도대체 어떠한 연관이 있는지 흥미로운 대목이다.

사족이 좀 길었다. 이야기를 앞으로 다시 돌리면, 이수일 대표가 양복점에서 일하던 초창기인 1960년대 중후반에는 제일모직과 뒤이어 생긴 경남모직 등에서 생산한 국산 제품이 가장 일반적인 양복 원단이었다고 이 대표는 기억했다.

다시 오지 않을 호시절, 사라져 가는 맞춤 양복 기술

이수일양복점이 처음 개업한 곳은 지금 자리 건너편 '동서대약국' 옆 2층 건물이었다. 그 건물은 2002년쯤에 지금 자리로 이사 오면서 헐렸다. 이수일 대표가 가게 상호로 자기 이름을 내건 것은 '명예를 걸고 옷을 만들겠다'는 스스로의 각오이자 대외 선언이었다.

"당시에 자기 이름을 따서 가게 이름을 붙인 양복점이 여럿 있었습니다. 가장 유명했던 것은, 지금은 돌아가셨는데, 서울의 '이성우양복점'이었습니다. 서울에서 제일 유명했지요. 저도 그렇게 되고 싶었습니다."

예전에는 양복점 경기가 참으로 좋았다. 15~20년 전만 해도 인천에는 양복점이 500여 곳에 달했다고 한다. 지금은 고작 20~30곳 정도다. 전국의 양복점 연합 단체인 '한국맞춤양복협회'의 인천시 지부장을 이수일 대표가 맡고 있다. 1개월에 한 번씩 모임을 갖는데 불과 15명가량밖에 나오지 않는다고 한다.

"그나마 단골손님이 있어서 겨우 유지는 하는데, 그분들이 나이가 들면서 양복도 새로 맞추지 않잖아요. 나이 칠십이 넘으면 사회에서 물러나니까 새 양복이 필요 없으니까요. 젊은 사람 단골도 있지만 그분들은 몸이 비대해 기성복이 안 맞는 그런 경우니까 그 수가 적을 수밖에 더 있어요?"

이수일양복점이 정말 잘나갈 때에는 인천시 남구 석바위 사거리 쪽에 지점까지 냈었다. 한 30년 전 이야기다. 본점과 지점을 합해 직원

이수일 대표는 맞춤양복 기술이 사라져 가는 세태가 아쉽기만 하다.

이 20명 정도 되었다. 봉제사만 15명 있었다. 이수일 대표는 그런 호시절이 다시는 오지 않을 것임을 잘 알고 있다. 맞춤 양복 기술이 사라져 가는 게 못내 아쉽기만 하다.

나이 칠십이 넘은 이수일 대표는 그래도 가만히 있지 않는다. 어떻게든지 돌파구를 찾으려 노력하고 있다. 몇 년 전에 서울, 부산, 대전, 인천 등지의 양복점 대표 다섯 명이 모여 공동 브랜드 회사를 냈다. 모두 30년 이상 양복점을 한 '오래된 가게'의 주인들이다. 정부까지 나서서 지원하지만 영 신통치 않다.

이수일 대표는 불과 4년 전인 2010년 12월 아주 특별한 경험도 했다. 당시 남태평양의 섬나라 솔로몬제도의 대니 필립(H. E. Danny Philip) 총리의 양복을 직접 만들어 주었다. 서울 롯데호텔에 머물고 있었는데 거기까지 출장을 갔다. 대니 필립 총리의 허리둘레가 58인치를 넘었던 게 아직도 잊히지 않는다.

일국의 총리 옷까지 해 주었다는 이수일 대표의 솜씨를 직접 입어 보고 싶었다. 아래위로 맞추기에는 좀 비싼 감이 있어 바지 두 벌만 하기로 했다. 그래서 32만 원. 촘촘한 바느질이라든지 편안한 착용감이라든지 여러 가지로 기성복과는 달랐다.

이수일 대표의 옷 만드는 솜씨는 딸이 잇고 있다. 둘째 딸 이지연(39) 씨가 서울에서 웨딩숍을 한다. 시키지도 않았는데 대학에서 의상 디자인을 전공했다. 이 대표의 부친은 월남하기 전 황해도에서 한복집을 했다. 한복, 양복, 결혼 의상까지 결국 3대가 옷을 만드는 일을 하게 되었다.

롯데호텔로 출장 갔을 당시에 필립 총리와 찍은 사진을 들고 있는 이수일 대표

맨 앞에서, 옷보다 인간과 오래 붙어 있는 것이 없다면서 옷은 인간 생활과 떼려야 뗄 수 없는 요소라고 했다. 그런 이유로 어떤 이들은 옷을 인간과 자연 사이를 가로막는 장애물로 여기기도 한다. 문인들 사이에 전설처럼 내려오는 우스갯소리가 있다.

당대의 주선(酒仙)이라 일컬어지던 수주(樹州) 변영로, 공초(空超) 오상순, 성재(誠齋) 이관구, 횡보(橫步) 염상섭, 이렇게 네 명이 서울 명륜동 성균관 뒤 사발정 약수터에서 대낮에 주연을 벌였다. 서로 권커니 잣거니 하면서 술을 많이도 마셨다. 그런데 난데없이 소낙비가 쏟아졌다. 비 피할 곳이 없어 꼼짝없이 그 비를 다 맞아야 했다. 그 자리에서 공초가 옷을 찢어 버리자고 제안했다. "옷이란 워낙이 대자연과 인간 둘 사이의 이간지물(離間之物)인 이상, 몸에 걸칠 필요가 없다"는 것이었다. 비 맞으며 만세까지 부르던 넷은 그 자리에서 '옷'을 버리고 '대자연'을 택했다. 그리고 그 벌거숭이 4인은 저 멀리 언덕 아래 소나무 밑에 매 있던 소 등에 올라타고 실오라기 하나 걸치지 않은 일사불착(一絲不着)의 상태로 공자를 모신 성균관을 지나 큰 거리까지 '진출'했다.

그 뒤에 빚어졌을 소동은 짐작이 가고도 남는다. 필자는 술과 비와 옷에 얽힌 이보다 더 황당하고도 재미있는 이야기를 아직 읽은 적이 없다. 수주 선생의 수필집 『명정 사십 년(酩酊四十年)』에 나온다. 정성스레 옷감을 손질하는 이수일 대표를 바라보면서 어울리지 않게도 문득 이 이야기가 떠올랐다. 옷은 과연 우리에게 무엇인가. 공초의 말대로 인간과 대자연 사이를 이간질하는 것일까 아닐까. 한번 크게 웃게도 하고 깊은 생각에 잠기게도 하는 일화가 아닐 수 없다.

생선 냄새 스민
소래포구
일억원얼음집

짜장면 장사에서 얼음 장사로

인천의 소래포구는 수도권에서 몹시 붐비는 명소 중한 곳이다. 해물도 살 겸 포구 구경도 할 겸 찾는 사람이 많다. 인천이나 경기도 인근은 말할 것도 없고 서울에서도 많이들 온다. 소래포구에만 생선을 파는 가게가 300곳이 넘는다. 이 가게들이 생선 다음으로 치는 게 있다. 생선의 선도(鮮度)를 유지하는 데 꼭 필요한 얼음이다. 그래서 포구의 역사에는 생선의 냄새가 스며들어 있듯이 얼음도 녹아 있게 마련이다.

소래포구에서 가장 오래된 얼음집은 찾아가기가 쉽지 않다. 좁은 골목길에서 안쪽으로 들어가 있는 데다 간판까지 없어서 그냥 지나치기 십상이다. 하긴 일반 소비자들이 찾을 일 없으니 그럴 수도 있겠다 싶기는 하다.

'일억원얼음집'. 소래포구가 지나온 내력과 함께하는 가게이다. 박상갑(50) 사장은 부친의 뒤를 이어 얼음집을 맡고 있다. 2014년 9월, 얼음집이 바쁠 것 같은 여름철을 피하고 추석 연휴까지 지나서 왔다고 했더니, 박 사장은 뭘 몰라도 한참 모른다는 눈치다. 생선과 밀접한 얼음집은 여름에는 금어기여서 오히려 바쁘지 않고 9~10월이 성수기라는 것이다. 이때는 140킬로그램짜리 얼음 덩어리 100개를 하루에 소화할 만큼 바쁘다. 직원 세 명이 쉴 새가 없다. 한가한 때를 골라서 온다고 한 게 오히려 가장 바쁠 때 온 것이다. 그래서인지 인터뷰가 중간중간 수도 없이 끊겼다. 전화통은 불이 났고, 그때마다 얼음 깨는 소리는 어찌나 큰지 얼굴을 마주 대고 있어도 서로 말을 알아들을 수가 없었다. 얼음집 인터뷰가 이렇게 어려운 줄은 처음 알았다.

소래포구에는 얼음집이 네 곳 있는데, 일억원얼음집이 가장 오래되었다. 이 집이 소래포구에 문을 연 것은 1970년대 후반이다. 박상갑 사장의 부친 박영길(78) 사장이 가족을 이끌고 소래포구에 발을 디딘 때는 1972년이다. 박영길 사장의 눈에는 40년도 더 지난 당시 소래포구 모습이 아직도 선하다.

"소래포구에 버스가 하루에 두 번 다니던 시절이었어요. 고목나무 밑에 버스가 섰습니다. 식구들을 데리고 전세 십만 원짜리 방을 얻어서 장사를 시작했습니다. 당시에는 포구에 배가 열두 척인가 있었어요. 모두가 돛 한 개짜리였습니다. 그리고 얼마 있다가, 방앗간에서 쓰는 엔진 있잖아요, 그걸 단 통통배가 들어왔어요. 통통배가 있

기 전에는 여기 포구에 배가 들어오기도 여간 어렵지 않았어요. 바람이 맞지 않으면 갯골을 타고 들어오기가 정말 어려웠어요. 그럴 때 통통배가 돛배들을 죽 매달아 끌고 들어오던 시절이었죠."

박영길 사장이 소래포구에서 시작한 것은 짜장면 장사다. 1974년께다. 당시 포구에는 염전이고 뱃일이고 해서 일꾼들은 많았는데 이렇다할 식당이 없었다. 그래서 중국집을 연 것이다. 이름은 '일억원'으로 지었다. 그 이름에 사연이 있다.

박영길 사장은 한때 인천 최고의 기업으로 명성을 날리던 한국기계(현 두산인프라코어) 하청 일을 했다. 그러다가 부도가 났다. 빚을 진 게 일억 원가량 되었다. 산이고 뭐고 가진 재산을 다 날렸다. 완전히 망한 뒤 잠시 젓가락 장사도 했었다. 미송을 잘라 만들었다. 크기는 아직도 기억한다. 큰 것은 일곱 치(한 치는 3.33센티미터), 작은 것은 여섯 치였다. 중국집을 비롯해 나무젓가락을 쓰는 집이 많았다. 젓가락을 팔면서 인천시 부평구 신촌에 있던 중국집과 잘 알게 되었다. 거기 있던 주방장까지 소개 받아 소래에 '일억원'을 개업할 수 있었다. 가게 이름에 '일억원'을 붙인 것은 날린 돈을 되찾자는 뜻에서였다. 중국집은 의외로 잘되었다. 손님들이 줄을 서서 기다릴 정도였다. 처음 짜장면집을 차릴 때에는 방에 놓는 상 세 개, 홀에 놓는 상 세 개를 친구에게 얻어서 들였다. 의자 살 돈도 없어서 의자 열 개를 또 다른 친구에게 돈을 빌려서 샀다. 박상갑 사장은 어릴 때 자기 집에서 먹었던 짜장면 값이 15원, 30원, 45원, 70원, 이렇게 올랐던 것으로 기억하고 있다. 1974년 인천과 서울 간에 경인전철이 개통했는데 요금이 60원이던 시절이다. 한국은행은 1973년과 1974년에 각각 만 원권 지폐와 백 원권 주화를 발행했다. 지금 짜장면 값은 가게마다 차이가 크지만 보통은 5천 원에서 7천 원가량 한다.

어느 날, 박영길 사장은 포구에서 수협 직원이 얼음을 써는 장면을

부친 박영길 사장

보게 되었다. 소래에 자리를 잡은 지 몇 년이나 되었을 때였다. 그때
알았다. 수산물에는 얼음이 필수라는 것을. 당시는 소래포구가 활발하
지 않았던 때였다. 배라고 해 보아야 몇 척 되지 않았기에 얼음 수요가
많지도 않았다. 그래서 수협에서 얼음 공급을 담당하고 있었다. 당시
포구는 화수포구, 만석포구, 하인천 등지가 더 활발했다. 당연히 얼음
공장이나 얼음 가게는 그쪽에 몰려 있었다. 박영길 사장은 소래에서도
얼음 가게를 하면 장사가 되겠구나 생각했다. 교통편이래야 아주 드물
게 다니는 협궤열차와 버스 몇 편이 고작이었지만, 그것들이 사람들을
실어 가고 실어 왔다. 그렇게 시장은 형성되어 있었다. 박영길 사장이
얼음 가게를 시작할 무렵의 소래포구 모습은 윤후명의 소설 『협궤열
차』에 잘 그려져 있다.

　　그때 맥아더 원수의 인천상륙작전을 다룬 영화 〈오! 인천〉의 현지
로케로 수인선은 갑자기 활기를 띠었었다. 수인선이라면 우리나라
에서 유일하게 운행되고 있는 협궤철도로서, 그때 벌써 경제성이 없
다는 까닭으로 없애느냐 어쩌느냐 위협을 받고 있는 터였다. 그러므
로 테렌스 영 감독이 오래전에 공작창에 처박아 둔 증기기관차까지
동원하자 수인선 주변은 가벼운 흥분 상태에 빠져들어 있었다. 그러
나 그 흥분 상태는 무턱대고 활기에 찬 것이라기보다 마치 죽기 전
에 예전 고왔던 시절의 옷차림으로 갈아입고 마지막 바깥나들이를
한 할머니처럼 느껴지는 것은 모두에게 공통된 점이었다. (…) 내가
그곳으로 찾아든 것은 디젤기관차 대신 아직 증기기관차가 칙칙폭

푹거리며 다닐 무렵이었다. 인천에 숨어서 자취를 하며 이것저것 일을 보다가 도시 재개발 사업으로 그 집마저 밀려나게 되자 그만 배 짓는 일에 마음이 동해 거처를 옮겨 왔던 것이다. 배라고 해야 4톤짜리 작은 통통배였다. 그 무렵만 해도 협궤열차는 연도 주민들의 '작은철'이라는 애칭을 들으며 제법 붐볐다. 그러나 천일염전이 사양의 길을 걷고 자동차 왕래가 잦게 됨에 협궤열차는 구시대의 유물로 전락해 갔다. 최근 들어서는 하루에 아침 점심 저녁 세 차례씩의 상행과 하행으로 명맥을 유지할 뿐이었다.

당시 수인선을 오가던 협궤열차는 일억원얼음집에서 가까운 곳에 전시되어 소래포구의 옛 기억을 떠올리게 한다.

박영길 사장에게 언제부터인가 얼음 가게는 주업이 되었다. 중국집은 손님이 줄을 서야 할 만큼 장사가 잘되었지만 점심 때 위주였고, 하루 종일 매달려야 하는 건 얼음집 일이었다.

"아버지 어머니는 새벽 서너 시에 일어나셨어요. 출어 시간에 맞춰 배에 얼음을 대야 하니까요. 그러고는 횟집들에 대고, 어시장에 대고 그러면 오전이 가요. 그러고는 짜장면을 팔고요. 그러고 나서 오후 두세 시면 또 배가 들어와요. 그럼 그 배에 다시 얼음을 대야 하고요. 새벽 한 시가 넘어 주무시는 날도 많았던 것 같아요. 고작 두세 시간 주무셨던 거지요. 오죽하면 '잠 좀 실컷 잤으면 좋겠다'는 말씀을 달고 사셨을까요. 지금 생각하면 부모님은 참 힘들게 일하셨어요."

냉동 창고에 쌓인 얼음 덩어리들

아들 박상갑 사장이 중학생 때 지켜본 부모님은 정말 일밖에는 몰랐다. 그렇게 하지 않으면 돈을 모을 수가 없었다. 먹고살기가 그만큼 힘들었다. 박 사장은 중학생 때부터 부모님 일을 거들었다. 그리고 군 제대한 날부터 본격적으로 이 일을 하게 되었다. 박 사장은 이제 배에 얼음 대는 일은 안 한다. 힘이 들어서다. 그래도 새벽 5시 30분이면 가게에 나와 오후 8시쯤이나 되어야 집에 들어간다. 1년 365일 쉬는 날이 없다. 어시장이 쉬지 않기 때문이다. 주말이면 더 바쁘다.

지금 얼음집에는 대개가 냉동 창고를 따로 갖추고 있다. 공장에서 떼어 온 얼음을 녹지 않게 보관해 질 좋은 얼음을 시장에 공급하기 위해서다. 그 때문에 성수기 전기 요금만 한 달에 100만 원이 넘게 든다. 140킬로그램짜리 얼음 덩어리 한 개에 만 원에 떼어 와 기계에 넣고 잘게 부수어 봉투 네 개로 나누어 담는다. 한 봉지에 6천 원이다. 얼핏 생

각하기에 많이 남을 것도 같지만 비수기에 들어가는 비용까지 따지면
타산이 맞지 않는다. 부부가 쉬지 않고 일하는 인건비 겨우 남긴다고
보면 된다.

부친 박영길 사장이 처음 할 때인 1970년대 말에는 하인천 제빙 공
장에서 삼륜차에 실어 소래까지 왔다. 얼음은 오면서 많이 녹았다. 그
걸 땅을 파고 겨 같은 걸 덮어서 보관하고 그랬다. 소래 얼음 가게에
냉동 시설을 갖춘 것은 1990년대 초반이나 되어서다.

인천의 얼음집, 그 영욕의 세월

인천에 들어선 최초의 얼음 공장은 하인천에 있었
다. 그 전에는 한강에서 겨울철에 떠 놓은 얼음을 썼다. 이런 이야기는
신태범의 『인천 한 세기』에서 살필 수 있다.

30년대부터 인천 수산 업계에도 일본 자본이 진출하여 한국 상인
은 생선전을 중심으로 하는 소매상으로 위축되고, 鄭씨 일문의 위세
도 노령 탓도 있었으나 조락하고 말았다. 林兼商店 仁川出張所(본
사가 下關에 있는 어업 회사), 濱田商店, 村谷商店 등 거상이 수산 시
장을 독점하다시피 쥐고 놀았다. 林兼商店은 32년에 日産 15톤 규
모의 어업용 제빙 공장을 대한제분 공장 건너편 현 위치에 설립하여
어선과 시중에 얼음을 공급했다. 漢江의 天然氷이 차차 밀려나기
시작했다.

하야시카네쇼텐(林兼商店)은 나카베 이쿠지로(中部幾次郞)의 수산회사로, 일본 시모노세키(下關)에 본사가 있었다. 조선에서 큰돈을 벌어 일본 굴지의 수산 재벌로 성장, 프로야구단까지 창단했다. 하야시카네쇼텐은 1904년 러일전쟁을 계기로 한반도 수산업에 관심을 갖고 진출했다. 1930년대부터는 수산물 가공업에도 손을 대는 등 사업 다각화에 성공하면서 수산 재벌이 되었다. 그 하야시카네쇼텐이 인천에 제빙 공장을 짓고 영업을 시작하면서 그동안 쓰던 한강의 천연 얼음이 자취를 감추게 된 것이다.

그 뒤로 인천 곳곳에 얼음 공장이 들어섰다. 1959년에 나온 『경기사전』에는 인천의 얼음 공장이 인천제빙수산주식회사, 한국원양어업주식회사, 극동산업공사 등 세 곳인 것으로 되어 있다. 여기 기록되지 않은 곳도 더 있었을 터이고, 아마 1960년대 들어서는 더 많은 제빙 공장이 설립되었을 것이다. 인천 앞바다에 조기와 민어 파시(波市)의 위세가 여전했던 1960년대 후반이나 1970년대 초반까지도 전국의 배들이 다 인천으로 몰렸고, 그 덕에 얼음 수요는 가히 폭발적이었다.

인천 동구 화수부둣가에 살고 있는 김진우(76) 할아버지는 1960년대 인천의 얼음 공장에서 일했었다. 그는 "인천은 전국 얼음의 집합소였다"고 했다. 강원도며 경상도며 전라도며 전국의 얼음 공장에서 만든 얼음이 다 인천으로 몰렸다고 한다. 그쪽에 근거지를 둔 고깃배들이 파시 때를 맞아 다들 인천으로 터전을 옮기기 때문이었다.

김진우 할아버지는 "(박정희 정권 시기) 한때는 중앙정보부에서 얼음 공장을 장악한 적도 있었다"고 다소 의외의 이야기도 전했다. 7월 초만 되면 전국의 고깃배들이 인천에 집합했는데, 화수부두에는 배가 2중 3중으로 정박해도 자리가 부족할 지경이었다고 한다. 뱃사람들은 그 시기를 '연평 때'라고 불렀다. 연평 파시를 말하는 것이다. 그 많은 배에서 얼음을 서로 확보하려다 보니 얼음 공장 인부들의 위세도 대단했다고 한다. 선주들로부터 양복 선물이나 뒷돈 공세가 있을 정도였다는 것이다. 당시 실세 장관의 친형이 '한강호'라는 배의 선주였는데, 그 선주가 얼음을 제대로 받지 못하자 그 사실을 장관에게 일러바치는 바람에 얼음 업계가 한바탕 발칵 뒤집힌 적이 있었다고 한다. 그 일이 있은 뒤 얼음을 정보부에서 관할해 배급한 적도 있었다고 김진우 할아버지는 회고했다.

조기잡이는 밀물과 썰물의 차이가 큰 사리 때에 이루어졌는데, 사람들은 그 시기를 '연평 때' '연평 사리'로 칭할 정도로 조기잡이 하면 연평도를 연상했다.

지금의 화수부두는 부두라고 하기조차 초라한 모습이다. 동구 화수동에 부두가 있는지조차 잘 알지 못하는 사람이 많다. 그 화수부두에 얼마나 많은 배들이 몰렸고, 얼마나 화려한 시기가 있었는지 아직도 전해 주는 표식이 있다. 부두 입구 주차장으로 쓰이는 공터 바로 앞에 허름한 이층 건물에 '강화수협 화수동 출장소'라고 쓰인 간판이 붙어 있다. 강화수협에서 이 건물을 임대해 현장 사무실로 썼다고 한다. 강화도에서 화수동까지 진출한 이유는 간단하다. 돈을 찾아 온 것이었다. 전국의 고깃배들이 화수부두로 몰리니, 이곳에 어구(漁具) 장사들도 따라다니게 마련이다. 강화수협에서도 당시에 어구를 판매했는데,

옛 강화수협 화수동 출장소 건물(오른쪽 끝 이층 건물)

그 판매소를 이곳 화수부두에 두었던 것이다. 지금 생각하면 언제 그런 일이 있었을까 싶다. 또, 수협에서 어구를 판매했다는 이야기도 다소 생경하게 들린다.

인천에서 가장 오래도록 얼음 가게를 하고 있는 주인공은 소래가 아니라 연안부두에 있다. 양계환(80) 할아버지다. 아직도 현장에서 얼음 가게 일을 챙기는 할아버지는 하인천에 어시장이 있을 때부터 자전거에 싣고 다니면서 얼음을 팔았다. 1960년대다. 어시장에서도 얼음이 필요했지만, 수박과 같은 여름 과일을 시원하게 먹으려는 사람들도 얼음을 사 갔다고 한다. 손으로 톱질을 해서 얼음을 자르던 시절이다. 양계환 할아버지는 1975년 연안부두 어시장이 개업한 날 얼음 가게 문을 같이 열었다. '천일얼음'이다. 할아버지는 가게의 공정을 모두 자동화했다. 지금은 아들이 이어받아 가게를 운영한다. 얼마 전에는 제빙 공장 시설도 갖추었다. 얼음을 직접 만들어 파는 것이다. 할아버지는 얼음 가게 일을 너무 오래 했다고 후회하기도 했다. "미련스럽게 내가 너무 오래 붙잡고 있었어요. 이걸 하다 보니 딴 걸 들여다볼 수 있는 여가가 없었어요." 그러면서도 양계환 할아버지는 자신의 이름으로 받은 정부 인증 '클린 사업장' 표시를 대견스럽게 여겼다.

연안부두의 천일얼음이 소래의 일억원얼음집보다 시설 면에서 첨단이다. 제빙 과정에서 아예 작게 만든다. 그러면 잘게 부수는 쇄빙 공정이 필요하지 않다. 가게나 공장이 무엇보다 시끄럽지 않아서 좋을 듯했다.

소래포구 얼음 가게를 찾아 나섰다가 연안부두며 하인천이며 화수부두며 인천 포구 곳곳의 어제와 오늘을 한꺼번에 살폈다. 앞으로 30년 뒤 인천의 포구 모습은 어떻게 변해 있을지 무척 궁금하다. 그때도 화수부두에서 '강화수협 화수부두 출장소' 간판을 볼 수 있을까, 누군가와 '연평 때' 붐비던 인천 포구의 광경을 이야기할 수 있을까.

대한민국 사이클의 산 역사, 이홍복 할아버지의 자전거포

화려했던 선수 생활

　　인천에서 대한민국 사이클의 살아 있는 역사를 만날 수 있다는 것은 어쩌면 행운일지 모른다. 사이클 사상 첫 국제 대회 금메달(2관왕)을 목에 걸었고, 그중 하나를 아무렇지도 않게 국가(이승만 대통령)에 헌납했고, 국내 사이클 동호회의 1세대를 이끌었고, 최초로 국산 사이클을 제작했고, 사이클 출발 기구인 스타팅 머신을 우리나라 최초로 만들었고….

　이 모든 일을 이홍복(李共馥) 할아버지 혼자서 해냈다. 경주용 자전거, 즉 사이클과 관련해 더 이상 말이 필요 없는 인물이다. 이력만 갖고도 웬만한 사이클 박물관 하나쯤은 거뜬히 차릴 것 같은 할아버지는 인천시 중구 신흥초등학교 정문 맞은편에서 아주 작은 자전거포를 운영하고 있다. 이 이름 없는 자전거포가 대한민국 사이클의 내력을 간

이홍복 할아버지의 이름 없는 자전거포

직한 위대한 영웅의 일터이자 살림집이다.

　인천에서 사이클 좀 탄다 하는 사람 중에 이홍복 할아버지를 모르는 사람이 없을 정도다. 장비가 좋은 사이클 판매점에서도 고치지 못하는 것을 할아버지는 특별한 장비가 없어도 척척 고쳐 낸다. 언뜻 보기에 할아버지의 자전거포는 엄청나게 비싼 요즘 사이클과는 전혀 관련이 없어 보인다. 자전거 수리 도구들도 구식인 데다 가게 안에 제멋대로 쌓인 못 쓰는 자전거며 부품들도 오래된 것들이다. 우선, 일하는 할아버지부터가 사이클과는 영 맞지 않는 느낌이다. 그런데 이 할아버지가 '사이클 박사'다. 최신 사이클이라고 해도 할아버지가 못 고치는 것은 없다. 아무리 '겉볼안'이라지만, 겉만 보고 속까지 판단해서는 안 될 일이라는 점을 이 자전거포에서 실감하게 된다.

이홍복 할아버지의 이력은 참 특이하다. 사이클을 직접 만들어 탄 국가 대표 선수였으며, 현직 사이클 수리공이다. 또한 우리나라 최초의 군(軍) 소속 사이클 선수이기도 했다. 오늘날로 치면 국군체육부대 소속이었다. 그것도 12년이나 했다. 자전거 생산 회사가 일반 생활 자전거 제작 수준을 넘어서지 못해 경주용 사이클은 엄두도 내지 못하던 시절, 사이클을 직접 만들어 그 기술을 전수하기도 했다. 유명 사이클 회사의 비밀 프로젝트에도 참여했었다. 전두환 대통령 시절, 자전거 회사에서 전두환 이순자 부부를 위해 '진상'한 남녀 사이클 두 대도 할아버지 손을 거친 것이다. 그리고 할아버지는 엉뚱하게도 파독 광부처럼 독일에 파견되어 외화벌이에 나섰던 조선소(造船所) 기술자이기도 했다.

할아버지는 많은 사람들이 그렇듯 주민등록번호보다도 먼저 태어났다. 집에서 쇠는 나이는 1933년생 닭띠다. 할아버지는 자전거를 처음 배운 시기를 초등학교 6학년 무렵으로 기억하고 있다.

"그때는 왜정 때인데 '하늘로 보면 안창남이, 내려다보면 엄복동이' 하는 노래도 있었어요. 그 엄복동 씨가 자전거로 일본 놈들 다 꺾었잖아요. 다들 그 노래를 부르고 다녔죠. 그때 자전거를 배웠던

걸로 기억해요."

일제강점기에 자전거를 접하고 해방 공간, 한국전쟁 등 정말 어려운 시절에 운동을 했다. 사이클을 비롯한 장비는 물론이고, 입을 유니폼도 마땅치 않았다. 먹을 것은 또 어떤가.

"참 어려웠어요. 중학교 2학년 때이던가, 대회가 임박했을 때인데 고기를 먹으면 힘이 난다는 소리를 듣고서는 용돈을 모아 지금으로 치면 한 오륙천 원 갖고 정육점에 가서, 이 돈밖에 없으니 고기를 좀 썰어 달라고 하면 정육점 아저씨가 알아서 줘요. 그걸 갖고 연탄불에 구워요. 자전거 선수이니 바퀴살 부러진 것 있잖아요. 그걸로 고기를 꿰어서요. 그러면 고기가 익으면서 연기가 나잖아요. 고기는 먹지도 않았는데 그 연기만 쐬어도 벌써 힘이 나는 것 같아요, 허허. 또 한 가지. 중국 음식에 해삼 들어가는 것 있잖아요. 어디서 또 그걸 먹으면 힘이 난다고 들어 가지고, 중국집 앞에 널어놓은 해삼 한 토막을 슬쩍 훔쳐 먹기도 하고 그랬어요. 옷도 말이죠, 달라붙는 걸로 입어야 하는데 어디 그런 게 있나요. 양키시장에서 구한 미군 내복을 물들여 고쳐서 입을 수밖에요. 내복 입고 한다고 흉보는 사람도 있었는걸요. 그래도 열심히 했어요. 인간의 한계를 더 이상 지탱할 수 없을 때까지 했어요. 버틸 수 없을 때까지 하면 토하는데, 속에 있는 게 다 올라와요. 똥물까지 넘어와요. 그렇게 운동했어요."

죽을 각오로 달리는 자, 누가 막을 수 있겠는가. 그의 사이클 실력은 발군이었다. 각종 전국 대회를 휩쓸다시피 했다. 전국 최고의 기량을 발휘하던 할아버지는 1953년 휴전이 되고 곧바로 HID, 육군첩보부대에 입대했다. HID에서 사이클 선수로 스카우트한 것이다. 그리고 할아버지가 나머지 선수들을 끌어와 팀을 꾸렸다. 최초의 군 사이클 팀 창단의 순간이었다.

할아버지는 당시 서해를 담당하던 HID 인천 지구에 소속되었다. 부대는 인천시 중구 신흥동, 지금의 송도중학교 자리에 있었다.

이홍복 할아버지는 1958년 일본 도쿄에서 열렸던 제3회 아시안게임에서 153킬로미터 도로 개인 종목과 153킬로미터 도로 단체 종목에서 각각 1위를 차지해 2관왕을 거머쥐었다. 같은 인천 출신 김호순 선수와 한팀을 이루었다. 김호순 선수는 단체는 금메달, 개인 종목에서는 3위를 했다.

이홍복 할아버지가 활약한 대한민국 사이클 팀의 도쿄 대회 출전은 재일 동포들 사이에도 단연 화제였다. 너나없이 한복을 입고 나와 태극기를 흔들며 응원했다. 조총련 쪽에서도 나와 인공기를 흔들면서 응원했다고 한다. 국제 대회 사상 최초로 태극기와 인공기가 어우러진 남북 공동 응원이 아니었을까 싶다. 참고로, 지금도 그렇지만 당시에도 북한은 사이클 팀을 운영하지 않았기 때문에 조총련계 동포들의 인공기 응원은 명확히 한국 선수단을 향한 것이었다. 이홍복 할아버지의 금메달이 남북으로 갈라진 해외 동포들에게 한민족으로서 동질감을 갖게 했고, 그들을 감격의 도가니로 몰아넣었던 것이다.

1958년 6월 경무대를 방문해 이승만 대통령 내외(앞줄)와 찍은 기념사진. 뒷줄 왼쪽부터
노도천 선수(중앙대), 이홍복 선수(HID), 이윤백 감독, 김호순 선수(인천시청),
임상조 선수(중앙대). 이 자리에서 금메달 하나를 이 대통령에게 전했는데, 사양하는 일 없이
흔쾌히 받았다고 한다. 촬영 당시에는 흑백사진이었는데, 나중에 컬러사진으로 변환했다.

귀국한 사이클 국가 대표 팀은 경무대로 이승만 대통령을 예방했다. 그 자리에서 이홍복 할아버지는 두 개의 금메달 중 한 개를 이승만 대통령에게 선물했다. 그리고 부탁했다. 사이클 전용 경기장 하나만 만들어 달라고. 곧바로 관계 부처에 지시가 떨어졌다. 쓰레기장이었던 서울 마장동에 부지까지 마련했는데, 예산 부족을 이유로 흐지부지된 점이 아직까지도 안타깝다.

이홍복 할아버지는 인천시 공로상, 경기도 문화상, 대한체육회 최우수 선수상 등을 잇달아 받기도 했다.

『인천시사』에는 영광의 기록 빠져

그런데 어찌된 영문인지 『인천시사』에는 이홍복 할아버지의 아시안게임 금메달 획득 사실이 빠져 있다. 해방 이후 인천시는 1973년, 1982년, 1993년, 2002년, 2013년, 이렇게 다섯 차례나 『인천시사』를 발간했다. 인천에서 아시안게임이 열린 2014년에는 '인천 체육의 발자취'라는 이름으로 『인천시사』 체육 편을 별도로 내기도 했다. 이들 역대 『인천시사』의 체육 분야 어디에도 이홍복 할아버지의 금메달 이야기는 들어가 있지 않다. 다만, 1983년에 개항 100주년을 맞추어 펴낸 『인천 개항 100년사』에서는 이홍복 할아버지의 금메달 소식을 구체적으로 싣고 있다. 2014년의 『인천 체육의 발자취』에서는 구술 부분에서 열 명의 체육인 중 한 명으로 이홍복 할아버지를 포함하기는 했다. 또, 이 책의 「연표로 보는 인천 체육」 편에는 들어가 있기는 한데, "1958. 05. 24. 제3회 아시아경기대회에서 김호순, 이홍복 선수, 자전거 경주에서 각각 입상"이라고 해 이름을 틀리고 금메달을 단순히 '입상'으로만 적었다.

생각할수록 이상한 대목은 1983년 『인천 개항 100년사』에서 다루어진 역사적 사실이 어찌해서 1993년 『인천시사』에서는 빠졌느냐는 점이다. 1993년 『인천시사』에서는 역대 아시안게임 인천 출신 선수 현황과 기록을 소개하면서 이홍복 할아버지는 싹 빼고 김호순 선수만 넣었는데, 그나마 김호순 선수의 단체 부문 금메달 사실은 어디로 갔는지 없고 개인 부문 3위 기록만 보인다. 인천시 입장에서 볼 때 높이 띄워야 할 153킬로미터 도로 단체 부문 금메달 두 개와 153킬로미터 개인 부문 금메달 한 개는 안 싣고 굳이 개인 부문 동메달 한 개만 쓴 이유가 무엇인지 도대체 이해할 수가 없다. 또한 이홍복 할아버지는 중구 출신이라는 점에서 중구의 자랑스러운 인물임에 틀림없건만 중구에서 2010년에 발간한 『인천 중구사』어디에서도 이홍복 할아버지를 찾을 길이 없다.

이런 인천의 상황과는 달리, 오히려 경기도의 기록에서는 이홍복 할아버지의 금메달 소식을 접할 수 있다. 인천시가 행정구역상 경기도에서 분리된 뒤에 나온 『경기도사』(1982)에는 이홍복, 김호순 선수의 1958년 도쿄 아시안게임 사이클 종목 금메달 소식이 비교적 자세히 실려 있다. 『인천 개항 100년사』가 이때의 『경기도사』를 참고하지 않았나 싶다.

그나마 인천시가 1996년 발행한 『연표로 읽는 인천 현대사』'1958

지난 이야기들을 들려 주는 이흥복 할아버지

년 5월 24일 자'에 "제3회 아세아경기대회에서 김호순·이흥복 각각 자전거 경주에서 입상"이라고 명기하고 있으며, 같은 책 '1961년 4월 25일 자'에서 "김호순·이흥복 제6회 필리핀 주선 도로 일주 국제자전 거도로경기에서 금메달 획득"이라는 이야기를 전하고 있다.

지금까지 쓰인 『인천시사』에 이흥복 할아버지처럼 꼭 들어가야 할 대목인데 빠진 부분은 없는지, 혹여 틀린 곳은 없는지 다시 한 번 살피는 작업이 뒤따라야 할 것이다.

『인천시사』의 잘못을 지적하느라 이야기가 샛길로 빠진 느낌이다. 한 사람의 인생이 갖는 역사적 가치가 사회적으로 무척 크고 소중할 경우 그에 걸맞은 대우가 뒤따라야 한다는 생각에서 좀 장황하지만 불평을 늘어놓았다.

이흥복 할아버지는 HID에 선수로 있으면서 매일같이 사이클을 타고 월미도에 오간 일이 있다. 도쿄 아시안게임이 끝난 뒤다. 2관왕을 하면서 너무 무리했는지 몸에 이상이 생겼다. 음식을 제대로 소화시키지 못하는 것이었다. 어쩔 수 없이 대회는 포기하고 몸을 푸는 정도의 훈련만 했다. 그 장소가 월미도였다. 한 일 년가량 그렇게 했다. 당시 월미도는 민간인 통제구역이었다. 미군 부대도 있었고, HID 북파 부대도 소월미도에 있었다. 월미도의 HID 대원들은 북한군 복장을 하고 근무했다고 할아버지는 설명했다.

"HID 지대가 월미도에 있었는데, 월미도에 민간인이 못 들어갈 때예요. 지금은 매립되어 분간이 안 되지만, 소월미도 끝에 HID 선박대가 있었어요. 거기서는 인민군 복장을 입고 따발총을 메고 근무를 섰어요. 소월미도 앞으로는 민간인 배도 잘 못 지나갔어요. 월미도에는 미군 부대도 있고, 한국 해군 부대도 따로 있었어요. 검문소가 있어서 민간인은 못 들어갔어요. 물론 나는 HID 소속이니까 들어갈 수 있었죠."

할아버지는 1965년 12월 31일 자로 제대 발령을 받았다고 했다. 서른세 살까지 선수 생활을 한 것이다. 그렇게 오랫동안 활약했는데, 은 퇴식도 안 해 주었다고 할아버지는 아직도 서운해 했다.

남다른 손재주로 대통령 진상용 자전거 제작도

사이클 선수 생활을 접은 할아버지는 새로운 직업을 구해야 했다. 젊음을 운동에 바치다 보니, 그것도 군부대 속에서 12년 이나 파묻혀 있다 보니 어디 반듯한 곳에 취직을 할 수가 없었다. 그러 던 차에 월미도를 마주 보는 영종도 나루터 쪽에서 조선소를 만드는 일에 참여하게 되었다. 서울 사람이 돈을 대고 할아버지는 현장 관리 감독을 맡게 된 것이었다. 갯벌을 매립해 선체를 올려놓는 선대(船臺) 도 만들고, 배도 만들고 하는 일이었다. 직원만 30~40명은 되었다. 그 일을 5년 넘게 한 것으로 할아버지는 기억한다.

그러던 어느 날, 난데없이 독일 사람들이 찾아왔다. 한국의 조선 기 술자를 모집하러 온 것이었다. 특별 대우를 해 주겠다고 제안했다. 그 렇게 해서 팔자에도 없는 독일 생활을 하게 되었다. 1970년이다.

"그때 우리나라에 해외 인력 수출을 추진하는 무슨 공사인가 하는 조직이 있었어요. 저하고 40명의 한국 기술자가 독일 함부르크에 있 는 '호발트 벨기에 조선소'라는 데로 갔습니다. 20만 톤짜리 컨테이 너선을 만들었어요. 일 년에 한 척씩 진수했습니다. 당시 대우는 무 척이나 좋았어요. 한국 월급이 15만 원 20만 원 할 때였는데, 100만 원씩 받았으니까요. 여기 있을 때보다 다섯 배는 더 받은 거지요. 3년 계약하고 갔는데 도저히 못 있겠더라고요. 집이 그리워서요. 그래서 2년 만에 다른 사람하고 몰래 도망쳐 나와서 귀국해 버렸어요. 그동 안 부은 각종 연금이며 보험, 그런 걸 포기하고 온 겁니다. 그때 2년 동안 번 것으로 집을 한 채 사고도 남았어요."

할아버지의 독일 얘기가 한창 진행 중인데, 가게 전화벨이 울렸다. "대부도로 사이클 타러 가자"는 사이클 동호회 회원의 전화였다. 인천 시 중구에서 경기도 안산의 대부도까지, 여간 먼 거리가 아니다. 할아 버지는 "아직은 체력이 된다"면서 지금도 대부도는 물론이고 영종도 며 어디고 안 가는 데가 없다고 했다. 그때에야 가게 안에 잘 세워진, 할아버지가 아끼는 사이클이 눈에 들어왔다.

이홍복 할아버지가 독일의 조선소에까지 취직할 수 있었던 것은 그 의 자전거 제작 기술 덕분이다. 할아버지가 10대 후반에 처음 선수 생 활을 시작할 때만 해도 제대로 된 사이클이라는 게 없었다. 수입 금지 품목이었다고 한다. 직접 만들어서 타는 수밖에는 도리가 없었다. 고 물상을 뒤져서 파이프를 구해서 핸들이며 차체의 프레임을 짜고, 일제 때 일본 사람들이 타던 자전거 중에서 경기용 사이클하고 비슷한 것에 서 바퀴를 빼고 해서 사이클을 자체 제작했다. 당시 이홍복 할아버지 의 형님이 철공소를 해서 장비 사용은 쉬웠다고 한다.

자전거를 만들 정도의 기술력이면 선박 제조에도 통하는 모양이다. 아닌 게 아니라 자전거는 현대 기술 문명을 이끌었다는 평가를 받고 있다. 1890년대 유럽에서 실용 자전거 붐이 본격화하면서 도로 개량 운동이 일어났고, 그것이 고속도로 망 구축으로 이어졌다. 특히 자전거 조립 기술은 자동차 제조에 직결되었다. 자전거 수리점은 주유소로 진화했고, 자전거 제작이 오토바이 발명으로 이어졌다. 20세기 벽두에 항공기를 띄우는 데 성공해 세상을 놀라게 한 라이트 형제는 조그마한 자전거 수리점을 운영했었다. 또, 세계 최초로 수상 비행기를 발명하고 최초의 전투기를 개발한 글렌 커티스(Glenn Curtiss) 역시 자전거 기계공이었다.

이홍복 할아버지의 손재주 또한 남다르다. 독일에서 돌아온 할아버지는 다시 영종도의 조선소에서 일했다. 그때 부산이고 어디고 사이클 선수들이 자전거를 고쳐 달라고 영종도까지 왔다. 그때부터 자전거 고치는 일을 해 지금까지 40년이 넘었다.

조선소 운영에 문제가 생겨 그만두고 인천 배다리 쪽에서 본격적으로 자전거 수리점을 하기 시작했다. 거기서 사이클 동호회도 결성했다. 버스 회사 간부, 의사, 고위 공무원, 서점 주인, 학원 원장, 미군 부대 근무자 등 젊은 사람 위주였다. 인천에서 사이클 동호회가 결성되어 멋지게 도로를 달리는 모습은 금세 전국으로 확산되었다. 전국 사이클 동호회의 씨앗을 이홍복 할아버지가 퍼뜨린 것이다.

할아버지가 지금처럼 신흥초등학교 앞에 자리를 잡은 것은 1975년의 일이다. 얼마 후 당시 국내 최대 자전거 제작 업체에서 "사이클 좀 만들어 달라"고 부탁해 왔다.

"그 당시에 영국에서 세계 자전거 전시회가 있었나 봐요. 그 회사에서도 상품을 전시했겠죠. 그런데 심사 위원들이 묻더래요. '사이클은 없느냐'고요. 그 소리에 자극을 받은 거죠. 그길로 일본 기술자를 데려다 시도했는데, 사이클연맹에서 공인을 안 해 줬나 봐요. 사이클연맹 공인이 있어야 그 사이클이 대회에 나갈 수 있었거든요. 그렇게 되어서 어떻게 하다가 나한테까지 오게 된 겁니다. 그때 나한테 사이클 원자재가 있었거든요. 그 여섯 대분을 싣고 가서 1개월 동안 출퇴근하며 만들었어요. 공인받는 데 전혀 문제가 없었죠. 별도의 대가는 없었고, 지금 이 대리점 권한을 받았습니다."

이홍복 할아버지가 만든 그 사이클로 국가 대표 선수들이 국제 대회 우승도 했다고 한다. 그러면서 그 사이클이 유명해졌고, 청와대에서까지 관심을 가졌다. 자전거 회사는 기회다 싶어 대통령 부부 전용 자전거 제작에 들어갔다. 선수용하고는 다르게 만들어야 하고, 이홍복 할아버지가 만들어 준 것을 교재 삼아 모양은 갖추었는데, 제대로 맞지를 않았다.

"남자용 하나하고 여자용 하나하고 자기들이 자체적으로 개발하려던 두 대를 싣고 왔더라고요. 대통령 사이클인데, 절대 비밀이라면서 도와달라고 하더라고요. 그래서 그것도 하게 된 겁니다."

전두환 이순자 대통령 부부 진상용 자전거는 그렇게 만들어져 청와

대로 향했다.

　전에는 사이클 경기에서 단독 출발할 때 자전거를 탄 선수를 다른 사람이 잡아 주었다. 그런데 언제부터인가 출발 기계가 뒷바퀴를 잡아 주는 방식으로 바뀌었다. 사이클계에서는 그것을 스타팅 머신이라고 한다. 86서울아시안게임과 88서울올림픽 때에는 독일에서 그 스타팅 머신을 빌려다가 썼다. 얼마 있다가 사이클연맹에서 그 기계를 만들어 달라는 요청을 했다. 출발을 알리는 권총과 그 스타팅 머신을 연결하는 시스템이라, 전자회로 같은 분야는 자문을 받고 해서 한참 머리를 싸맨 끝에 만들어 주었다. 돈도 꽤나 들었다.

　가게 문을 열고 누군가 물었다. "자전거 바람 좀 넣을 수 있어요?" 할아버지는 자전거를 보더니 고개를 저었다. "카센터로 가세요. 그거는 자동차 바람 넣는 걸로 해야 합니다." 다시 하던 이야기를 잇던 할아버지는 불쑥 생각이 난 듯 말했다. "아까 그 사람, 바람 넣어 줄 걸 그랬나." 할아버지는 바람을 일으키는 컴프레서 스위치를 켜고 하는 게 귀찮기도 해서 거절한 것도 있지만, 사람들이 자전거는 인터넷으로 중국산을 사면서 바람 넣는 것 같은 일은 자전거포에 맡기려는 게 영 마뜩잖다고 했다. 사람을 돌려보낸 게 그렇게도 마음에 걸리는 모양이었다. 초등학교 앞에서 살면 저렇게 마음이 여려질까?

　이홍복 할아버지의 자전거포는 대한민국 사이클 선수나 동호인들의 순례 코스로 삼아야 할 만한 곳임에 틀림없다. 📝

한국 해양의 물결
넘실대는 곳,
디에이치조선

인천항 제2 도크 첫 시험 입항의 주인공

아흔의 나이라고는 믿기지 않을 만큼 정정했다. 1925년생인 배순태 DH조선 회장은 서른 살 아래 회사 전무에게 직접 배에 올라가서 보니 내부 설계가 영 못마땅하다고 호통을 쳤다. 인천에 무슨 조선소가 있나 하고 생각하는 사람이 많겠지만, 아흔 살 노인이 매일같이 출근하는 조선소가 인천시 동구 화수부두에 있다. 대한민국을 조선 강국으로 이끌고 있는 세계 최대 규모의 선박을 건조하는 대형 조선소에 비하면 그야말로 구멍가게 수준에 불과한 아주 작은 조선소다. 화수부두에 가서도 찾기가 쉽지 않을 정도로 작다. 그러나 DH조선은 대한민국 어느 조선소보다도 많은 바다 이야기를 품고 있다. 인터뷰하던 날은 12월 추위가 매서웠는데, 아흔 살의 배순태 회장은 사무실로 출근해 건조 중인 배에 들어가 이것저것 살폈던 것이다.

배순태 회장의 인생은 인천항이 지나온 물결과 함께한 것이었다고 해도 과언이 아니다. 1974년 5월 10일 인천항 제2 선거(船渠)가 준공했다. 해운 당국은 박정희 대통령이 참석할 선거 준공식을 앞두고 시험 입항을 했는데, 그 주인공이 바로 배순태 회장이었다. 배 회장은 당시 1인 3역을 맡았다. 컨테이너 부두에 설치할 크레인을 싣고 첫 시험 입항한 '여수호'의 선주가 배순태 회장이었고, 그 '여수호'를 예인한 터그보트(tugboat) '은성호'도 배 회장 것이었다. 그 '은성호'에 탄 도선사도 배순태 회장이었다. 소금을 실은 일본 선박으로 두 번째 시험 입항한 사람도 배 회장이었다.

'동양 최대 도크 항'이란 별칭으로 불린 인천항의 축조 과정은 길고도 험난했다. 1883년 부산, 원산에 이어 세 번째로 개항한 인천

DH조선에서 건조 중인 선박들

항은 당시 항만 시설이라고 할 만한 게 없는 한적한 어촌의 자연항이었다. 개항 이듬해 소형 선박이 접안할 수 있는 최초의 시설인 잔교 1기와 석축 부두 1기를 축조했다. 이후 목조 잔교와 석축 부두를 늘려오다가 조수 간만의 차이를 극복하고 대형 선박을 댈 수 있는 인공 축항(도크)을 1918년 준공했다. 착공한 지 7년여 만에 끝이 날 정도로 대공사였다. 백범(白凡) 김구(金九, 1876~1949)가 인천에서 옥살이할 때 바로 이 축항 공사에 동원되었다. 그 노역이 얼마나 힘에 부쳤던지, 김구는 공사 현장에서 뛰어내려 자살하려 마음먹을 정도였다고 『백범일지』에서 토로하기도 했다.

아침저녁 쇠사슬로 허리를 마주 매고 축항 공사장으로 출역을 간다. 흙 지게를 등에 지고 10여 장의 높은 사다리를 밟고 오르내린다. 여기서 서대문 감옥 생활을 회고하면 속담에 '누워서 팥떡 먹기'라, 불과 반나절에 어깨가 붓고, 등창이 나고, 발이 부어서, 운신을 못하게 되었다. 그러나 어찌할 도리가 없었다. 무거운 짐을 지고 사다리로 올라갈 때, 여러 번 떨어져 죽을 결심을 하였다. 그러나 같이 쇠사슬을 마주 맨 자는 인천항에서 남의 구두 켤레나 담뱃갑을 도적한 죄로 두세 달 징역 사는 가벼운 수인이었다. 그자까지 내가 죽이는 것은 도리가 아니다. 생각다 못 해 노역에 잔꾀를 부리지 않고 죽을힘을 다하였다.

그렇게 만들어진 게 제1 선거였다. 일제는 1935년 8천 톤급 이상의 선박 출입이 가능한 제2 선거 축조에 착수했는데, 태평양전쟁이 발발하면서 1943년 중단되었다. 그나마 남아 있던 항만 시설은 한국전쟁 때 파괴되어 대부분 기능을 상실했다. 제2 선거 공사는 1966년 다시 착공했다. 이후 여러 차례 설계 변경 등의 과정을 거쳐 5만 톤급을 포함한 접안 능력 25척, 하역 능력 627만 톤의 국제적 항만 시설을 갖추어 1974년 준공했다. 그 준공 현장의 역사적 주인공이 배순태 회장이다. 배순태 회장은 그 주인공이 되기 위해 미리 준비했다. 1968년 7월 지금의 조선소를 사들였다. 당시 인천항을 무대로 석유 사업을 하던

회사의 역사가 담긴 사진들 앞에서

박채근 씨가 운영하던 '대림조선'이었다. 계약서를 보니 매매 대금은 '333만 원'이었다. 일제강점기부터 있던 것이었는데, 배 회장이 인수하기 전에는 목선을 건조했었다. 도선사가 조선소를 운영하게 되었으니 회사에 예인업을 추가했다. 회사 이름도 '홍해개발'로 바꾸었다. 외항선 '여수호'를 구입했으니 외항선업도 했다. 지금은 예인을 주로 하는 '홍해'와 선박 건조와 수리가 목적인 'DH조선'으로 회사가 나뉘어 있다. 'DH조선'의 DH는 동호(東湖)에서 딴 것이다. 동쪽의 호수 동해처럼 크게 되자는 의미였다. 배 회장은 이름은 큰데 회사는 작아졌다면서 크게 웃었다.

"내가 조선소를 산 것은 파이로트 배(예인선)를 수리하려고 했던 거야. 당시에는 어선 건조에도 조선소를 빌려주고는 했는데, 한 번에 여남은 척씩은 만들었어. 나무는 국가에서 대 줄 때야. 어선을 건조하면 물고기 잡아서 돈을 갖다 준다고 하더니, 실제로 갖고 오는 사람은 아무도 없더라고, 허허허. 그때는 배를 사람 힘으로 끌어 올렸어. 납작하게 생긴 나무 판에 줄을 감아서 올리는 거지. 캡스탄 바(capstan bar)라고 하는 건데, 7~8명은 붙었어. 지금 같으면 힘깨나 쓴다고 하는 인천의 장정들을 다 불러야 할 거야. 참, 호랑이 담배 피우던 시절 얘기네."

박채근 씨가 조선소를 판 것은 밀수가 골치 아팠기 때문일 것이라고 했다. 당시 외항선이 멀리 들어오면 거기에 실린 양곡 같은 것을 바지

선으로 다시 실어 와야 했는데, 그 과정에서 밀수가 성행했다고 한다. '대림조선'이 있는 화수부두 쪽도 그 밀수의 주된 통로였다. '대림조선'을 인수한 배순태 회장은 조선소에 담을 쳤다. 해안을 차단한 것이다. 동네에서 야단이었다. 밀수 루트가 끊겼기 때문이다.

"담을 쌓으니까 여기에서는 밀수 물건을 넘겨받을 수 없잖아. 그러니까 난리였어. 내가 출근할 때면 동네 사람들이 신문지에 똥을 싸서 담 너머로 던지고는 했어."

첫 예인선 '은성호' 설계는 조운제라는 사람이 했다. 한자로 어떻게 쓰느냐고 했더니 배 회장은 직접 써 주었다. 그 필치에서는 힘이 뿜어져 나왔다.

조운제(趙雲濟), 그는 어선을 주로 설계했다고 한다. 해양수산부 등이 2004년에 발행한 『선원열전』 '신성모(申性模)' 편에 조운제라는 인물이 등장한다. 1952년 11월 대통령 직속 자문 기구로

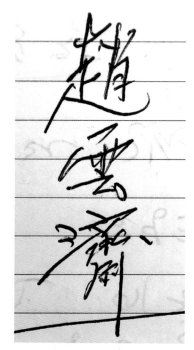

배순태 회장의 손글씨

해사위원회가 설치되었는데, 위원장은 신성모였다. 조운제는 박옥규, 이종우, 김종섭, 성철득 등의 인사와 함께 위원으로 참여했다. 해사위원회의 주 임무는 선박의 감사와 선원의 자격시험이었다고 한다. 아무리 유능한 설계자라고 해도 어선만 설계하던 사람이 강선(鋼船)을 설계하기란 어려운 일이다. 어쩔 수 없이 배순태 회장이 인천항에 정박 중이던 미국 국적의 선박에 접근해 도면을 빼내 왔다. 그 도면을 베끼다시피 했다. '은성호'는 미국 선박의 짝퉁인 셈이다. 900마력 엔진은 당시 돈으로 10만 불을 주고 미국에서 사 왔다. 이 '은성호'는 인천항 최초의 민영 예인선이 되었다. 그동안 예인은 정부 기관의 독점 사업이었다.

1980년 우리나라 최초로 해외에서 선박을 새로 지어서 들여온 것도 배순태 회장이었다.

"900마력짜리 은성호로는 (예인이) 안 되는 배가 있어. 그런데 당시 법으로 외국에서 새 배는 못 갖고 들어오게 했거든. 일본에서 3천 200마력짜리 배를 신조해서 1년이나 일본 회사가 운영하다가 중고 배로 해서 들여왔던 거지. 그게 우리 에버캐슬호야. 그 뒤로는 3만 톤도 (예인해) 들어오고 5만 톤도 들어오고 했지. 지금 생각하니 역할 많이 했네그려."

예인선과 관련한 규정도 3천200마력짜리 에버캐슬호를 일본에서 도입하면서 처음으로 만들어졌다고 한다.

경상남도 창원이 고향인 배순태 회장은 진해상선학교를 졸업했다. 원래 출발은 조선총독부 고등해원양성소였는데, 나중에 진해고등해원양성소라고도 하고 진해상선학교라고도 했다.

해원(海員)양성소는 인천에서 시작했다. 일제가 1919년에 부족한 선원을 조선 내에서 충당하고자 인천에 해원양성소를 설립하고 1921년 최초의 군함이었던 광제호를 연습선으로 사용하였다. 인천해원양성소는 1927년 진해로 이전했다. 이 해원양성소는 해방 직후 인천에 생겼던 해양대학과도 합쳐져 오늘날의 국립 해양대학이 되었다.

배순태 회장은 해방이 조금만 늦었어도 자신은 죽었을 것이라고 했다. 진해해원양성소 졸업을 앞둔 학생 중 성적 우수자들은 일본 요코스카(橫須賀) 해병단에 입대하고, 성적이 떨어지면 육군에 편입해야 했다고 한다. 배순태 회장은 1945년 3월 요코스카 해병단에 입대했다. 거기서 배 회장은 매일같이 죽는 연습을 했다. 어뢰를 장착한 선박에 선장과 기관사, 이렇게 두 명만이 타고서는 미국 군함의 측면 중앙을 들이받아 자폭하는 훈련이었다. 배 회장은 다행히 실전에 출전하기 직전 해방을 맞았다.

대한민국 항만 업계의 살아 있는 전설

배순태 회장은 해방 후 부산에서 미국인이 고문으로 함께 승선하는 국영 회사 선박을 탔다. 전쟁 중에는 통영 상륙작전에 참가하기도 했다. 부산항에서 통영까지 박격포 등을 실어 나르는 작전이었다. 전쟁이 끝난 뒤에는 대한민국 최초의 외항선 세계 일주도 했다. 화물을 따라 일주하게 된 것이다. 한 2~3년 걸렸다고 한다.

배순태 회장이 인천에서 생활하기 시작한 것은 1950년대 후반이다. 일제 때 있다가 해방 후 없어졌던 도선사 시험도 배 회장이 부활시켜 면허도 받았다. 도선사 시험 제도 부활에는 신성모 전 장관의 도움이 컸다고 한다. 도선사협회를 조직한 것도 배 회장이었다.

배순태 회장의 인천에서의 도선사 생활이 순탄했던 것만은 아니다. 도선업 계통을 혼자서 쥐고 흔들던 선배 유항렬(1900~1971) 도선사의 견제가 컸다고 한다. 그래서 해외로 1년여나 떠돌기도 했다. 그러다 유항렬 도선사 밑에서 잠시 있었던 적도 있다. 당시 월급으로 14만 원가량을 받았다. 선장 월급이 그랬다. 몇 개월 있다가 독립을 했다. 그랬더니 한 척 도선비로 50~60만 원을 받았다. 이래저래 유항렬 도선사에 대한 감정이 좋을 리 없었다.

유항렬 도선사는 1961년 정년 퇴임한 뒤 다시 정년 연장을 추진했다. 인천의 대표적 정치인 김은하(1923~2003) 전 국회의원이 뒤에서 도왔다. 1962년 8월, 도선법이 개정되었다. 정년이 68세로 늘었다. 유항렬 도선사도 면허를 따기 위해서는 다시 시험에 응시해야 했다. 시험 면접관 중에 배순태 회장이 있었다. 면접관 배 회장은 "유 선배, 인천항에서 출항해서 저 안도(인천항 도선 구간 내 작은 섬)까지 갔다 온다고 할 때 등대의 위치를 전부 말해 보세요"라고 물었다. 우리나라 최초의 도선사인 유항렬 도선사는 답하지 못했다. 결국 시험에 떨어졌다. 유항렬 도선사는 1967년 다시 도선사 시험에 응시해 면허를 땄다.

이때는 배 회장이 시험관으로 참여하지 못했다. 유항렬 도선사의 시험 낙방 이야기는 앞에서 언급한 『선원열전』에도 나온다.

배순태 회장은 1988년 서울올림픽이 열렸을 때 인천 지역 성화 봉송 최종 주자를 맡았었다고 했다. '뱃놈'인 자신이 성화를 봉송하게 되리라고는 생각지도 못했는데, 당시 소련 선수단이 인연을 놓았단다. 소련 선수단을 태운 선박이 인천항에 입항했는데, 그 도선을 배 회장이 맡으면서 화제가 되었다. 소련 선박의 대한민국 입항은 1904년 러일전쟁 이후 이때가 처음이었기 때문이다. 이 일로 배순태 회장이 성화 최종 주자로 낙점된 것이었다.

배순태 회장은 인천에서 다섯 번째 안에 드는 큰 저택에서 살았다. 인천시 중구 율목동 기독병원 부근이었다. 일제강점기 인천의 대표적 정미소였던 가토(加藤)정미소 별장이었다고 한다. 가토정미소의 주인은 가토 헤이타로(加藤平太郞)였다. 열네 살이던 1895년 조선으로 건너온 가토는 상점에서 근무하다가 1918년 진남포에서 합자회사 가토정미소를 창설했으며, 1920년 인천 지점을 설치하고 이주했다. 가토식산주식회사(加藤殖産株式會社)라는 대규모 기업을 운영했다. 1930년대 인천의 정미업자 중에서는 납부 세액이 두 번째로 클 정도였다. 배순태 회장은 그의 별장을 1965년께 구입해 1993년까지 살았다. 배 회장은 소련 선박이 입항했을 때 자택에 소련 선박 관계자들을 초청해 파티도 해 주었다고 한다.

가토의 별장에 얽힌 일화는 또 있다. 한번은 가토의 아들이라는 사람이 인천에 와서는 배 회장에게 전화를 했다고 한다. 부모님이 살던

| 옛 별장 터의 담벼락 앞에서

집인데, 한번 둘러볼 수 있겠느냐고. 그래서 오라고 했더니 마당의 흙을 좀 가져갈 수 있겠느냐고 또 물었다. 부친이 세상을 떴는데, 이 '율목동의 흙'을 부친 곁에 두려고 한다는 것이었다. 배 회장은 그러라고 했다.

배순태 회장은 그 율목동 별장 터에 가 보자는 부탁을 들어주었다. 이사한 뒤 처음이라고 했다. 다세대주택단지로 변해 있었다. 단지 끝 담벼락은 아직도 그대로라고 했다.

인천항, 아니 대한민국 항만 업계의 살아 있는 전설, 배순태 회장을 만난 건 우연이었다. 화수부두에 갔다가 어떤 노인을 만났는데, "내가 여기 6·25 끝나고 와서 지금까지 사는데, 저 조선소는 그때도 있었다"고 하는 것이었다. 겉으로 보아서는 전혀 알 수 없었다, DH조선의 깊은 내력을. 그 전설이 언제까지나 율목동의 저 담벼락처럼 버티고 서서 이야기를 풀어낼 수 있으면 좋으련만.

배다리 헌책방거리의 맏형, 집현전

서울 청계천, 부산 보수동, 인천의 배다리

지금이야 책을 가게에 쌓아 두고 팔지만, 옛날에는 책 장수가 싸 들고 팔러 다녔다. 지금은 읽을 사람이 가게에 직접 가서 사거나 인터넷으로 구매해 받아 보지만, 오래전에는 책을 갖고 손님을 직접 찾아 나섰다. 조선 시대에는 이런 책 장수를 독서인(讀書人)이라 하기도 하고 책쾌(冊儈)라 부르기도 했다. '독서인'은 책을 팔기도 하고 사람들을 불러 모아 놓고 책을 읽어 주기도 하는 일을 겸하지 않았나 싶다. 또 '책쾌'는 거간하고 흥정을 붙이는 주름을 일컫는 말 '쾌(儈)'의 뜻에서 알 수 있듯이 책 소장자의 정보를 파악해 그 책을 필요로 하는 사람과 연결시켜 주는 일종의 서적 중개상 역할이 컸던 듯하다. 전국 각지의 책 관련 정보를 망라하고 있어야 가능한 직업이었다. 지금으로 치면 책 유통 업자인데, 누군가 읽던 책을 다룬다는 점에서는 헌책 장수의 기능도 포함했던 셈이다. 그보다 먼저 고려 때에는 아예 서적점(書籍店), 서적포(書籍鋪) 등의 기관까지 두었다. 『고려사』나 『고려사절요』 등의 기록을 보면 서적점이나 서적포는 서적의 인쇄나 반포 등의 업무를 맡았다. '점(店)'이나 '포(鋪)'란 말은 고려 시대에는 '기관'을 의미하기도 했다. 물론 서적의 교류 역할을 했을 것이다. 이렇게 보면 책 장수의 연원은 꽤 멀리 간다.

그러면 유네스코(UNESCO)가 지정한 '2015년 세계 책의 수도'인 인천에서 가장 오래된 책방은 어디일까. 일반 서점 중에서는 동인천역 건너편 대한서림이 가장 오래되었을 것이고, 책방거리로 치면 동구 배

배다리 헌책방거리

다리 헌책방거리가 될 터이다. 대한서림은 1953년 문을 열었다. 배다리 헌책방거리도 그와 비슷한 시기에 생겨났다. 당시 창영국민학교 정문 쪽 길에서 헌책방 노점상이 시작되었다고 한다. 이렇게 60여 년 전통을 지닌 배다리 헌책방거리에는 아직까지 다섯 곳이 문을 열어 놓고 있다. 이들 헌책방 중에서 가장 오래된 곳이 '집현전'이다.

집현전의 주인장은 오태운(88) 할아버지다. 오태운 할아버지는 배다리 헌책 장수의 1세대다. 평안남도 순천이 고향인 할아버지는 1951년 1·4후퇴 때 단신으로 월남했다. 국군과 UN군이 북진해 평양을 점령했을 때 할아버지는 현지인으로서 국군의 군속에 포함되어 교통정리 등을 맡는 역할을 하다가 중공군이 참전하자 국군과 함께 남하했다. 남한 땅에서 처음 인연을 맺은 곳이 인천이었는데, 곧바로 제주도로 가서 정식 군사훈련을 받고 하사관으로 군 생활을 했다.

오태운 할아버지는 전쟁 막판에 제대해 인천으로 와 창영국민학교 정문 앞에 노점을 차렸다. 헌책 장사였다.

"당시 인천은 잿더미였어요. 내가 창영국민학교 앞에 헌책방 노점을 차렸는데, 그때는 인천에 서점이라고는 인천여고 앞 건너 골목에 몇 개하고 여기 배다리 쪽하고 모두 합해 대여섯 곳밖에는 안 될 때예요. 그런데 내가 하면서 헌책 장수들이 금방 늘더라고요. '창영동에 책방 골목이 있다'고 소문이 나니 사람들이 몰리고 덩달아 책방도 늘어났던 거지요."

할아버지는 처음에는 '청운서관'이라는, 배다리에서 싸리재 넘어가는 쪽에 있던 책 도매 서점에서 새 책 몇 권씩을 사다가 팔았다고 한다. 그러다가 서울 청계천 헌책방에 가서 떼어 왔다고 한다. 당시에는 정말 책이 불티나듯 팔렸다.

"봄에 신학기 때는 학생들이 삼사십 명씩 줄을 서서 책을 사 갈 정도로 밀렸어요. 책값으로 받은 돈을 그냥 비닐 봉투에 구겨 넣었어요. 바로 다음 사람 돈을 받아야 하니까요. 봉투는 저녁에나 풀어 돈을 세어 보고는 했는데, 한참 셀 정도였어요. 그때는 이문도 많이 남았어요. 신학기에 벌어 1년을 먹고산다는 말이 나올 정도였어요."

당시 인천의 배다리 헌책방거리는 서울 청계천 헌책방거리, 부산 보수동 헌책방거리와 함께 전국 3대 헌책방거리로 손꼽혔다고 한다. 인천에는 부산의 헌책방 장수들까지 와서 책을 사 갈 정도였다고 한다. 배다리에 책방이 많을 때에는 40여 곳이나 되었다.

"인천에 많이 나오는 책은 부산에서도 필요한 것들이 많았어요. 그래선지 부산에서도 인천까지 책을 사러 오고는 했어요. 하지만 인천에서는 부산까지 가서 사지는 않았던 것 같아요."

오태운 할아버지가 창영국민학교 골목과 문화극장 부근 등지를 거쳐 지금 있는 자리에 '집현전'을 낸 것은 1960년대다. 그 뒤로 한미서점, 삼성서림, 대창서점 등이 들어섰다. 모두 여태껏 배다리 헌책방거리의 명맥을 잇고 있다.

'집현전'이란 이름은 할아버지가 직접 지었다. 고려 때부터 있던 국책 학문 연구 기관의 이름을 딴 것이다. 오태운 할아버지는 고향에서 고등교육까지 받은 엘리트였다. 일제강점기에 관상(官上)국민학교를 나왔고, 해방 직후에는 순천고급중학교에서 공부했다. 그때 소련 선생으로부터 배운 러시아어 몇 가지는 지금도 잊지 않았다. 할아버지가 헌책방을 할 때 처음 지었던 가게 이름은 '항도서점'이었다. 그 뒤에 '학생서림'이라고 바꾸었던 적도 있다. 지금의 '집현전'은 세 번째 이름이다. 모두 부르기 쉽고 기억하기 좋은 이름을 골라서 지은 것인데, 집현전에는 무게감을 더했다. 그래서 그런지 오랫동안 쓰고 있는데도 집현전이란 이름이 늘 흡족하기만 하다.

전쟁 통에 올린 세기의 결혼식

이야기 도중에 부인 한봉인(84) 할머니가 들어왔다. "이걸 여기 놔두면 돼요? 교과서는 교과서 있는 데에 놔야지."

할머니는 할아버지에게 그냥 싫지 않은 잔소리를 했다. 아니, 책도 사지 않으면서 한참을 앉아서 굳이 옛날 이야기를 캐묻는 필자와, 평소에는 꺼내지 않던 희미한 기억을 더듬어 휑한 잇새로 확실하지도 않은 발음을 하는 늙은 남편이 맘에 거슬려 애먼 소리를 한 것일 게다.

할아버지와 할머니는 어떻게 만났을까. 할머니는 황해도 연백이 고

오태운 할아버지와 한봉인 할머니

향이다. 전쟁이 터지면서 가족이 인천으로 나왔다. 맨손으로 내려온
할아버지는 남쪽에 아무런 친척도 없었다. 그런데 군 휴가 때 인천으
로 왔다. 고향의 알던 아주머니가 인천에 살았는데, 휴가라고 해도 갈

곳이 없으니 무작정 그 아주머니 집을 찾아온 것이었다. 그때 중매가 이루어졌다.

그렇게 해서 할머니와 결혼을 하게 되었다. 그 결혼식은 영화에나 나올 법한 세기의 결혼식이었다. 할아버지는 제주도 군사훈련을 마치고 위생병 교육을 받고 강원도 춘천의 의무 관련 보급소에서 근무했다. 아직 전쟁이 끝나지 않은 때였고, 전방에서는 수많은 군인들이 죽어 나갔다. 그런 상황에서 결혼을 결심했다. 하사관 졸병 시절이다. 중대장을 찾아갔다. 결혼하겠다면서 중대장의 도움을 요청했다. 남한 땅에는 아무도 없이 혼자서 내려왔다는 것, 결혼을 해야 하는데 남자 쪽 하객과 친구들이 필요하다는 것 들이었다. 전쟁 통에 황당한 소리가 아닐 수 없었다. 할아버지의 배짱에 동했는지 중대장은 흔쾌히 승낙했다. 군인 여덟 명가량을 군 트럭에 태워 인천으로 가게 했다. 신랑 쪽 들러리 겸 하객이었다. 결혼식은 경동의 언덕 위 신신예식장에서 올렸다. 신랑은 택시를 세 대나 대절했다. 군용 트럭을 포함한 차량 행렬이 인천 시내를 빙 돌았다. 신랑 신부와 남녀 들러리를 태운 차량은 결혼식장에서 답동으로 나갔다가 다시 경동을 거쳐 배다리로 해서 한 바퀴 돌았다. 군인이 결혼을 하고, 동료 군인들이 집단으로 들러리를 섰다. 군 차량까지 동원했다. 아직 전쟁 중이었다.

하사관 졸병이 택시를 세 대나 빌린 데서 알 수 있듯이, 할아버지는 군인이었지만 주머니에 돈이 좀 있었다. 의무 보급대에서는 따로 생기는 게 있었던 것이다. 미군이 지원하는 의약품이 넘쳐 났는데, 약간만 깨지거나 해도 정상적인 보급품으로 쓸 수가 없었다. 모아서 시중에 넘기고 뒷돈을 챙길 수 있었다. 그렇게 군대에서 흘러나온 의약품은 보따리상을 통해 유통되었다. 그런 상황이 10여 년 이상 더 지속되었던 듯하다.

이길여 가천길재단 회장의 회고가 당시 상황을 뒷받침한다. 이길여 회장은 2006년 중앙일보에 회고담을 연재했는데, 거기에는 전쟁 중에 서울의대에 합격한 뒤 전시체제에서 의료 실습을 하고, 인천에서 산부인과를 개원하고, 1964년 미국 유학길을 떠났을 당시의 열악했던 우리 의료 상황과 미군 의약품의 국내 병원 유통 실태도 나온다.

(1964년 가을, 미국 뉴욕의) 병원은 나를 다시 한 번 놀라게 했다. 규모는 400병상으로 크진 않았지만 의료 시설은 입이 딱 벌어질 정도였다. 한국에선 보기도, 구하기도 힘든 각종 의료 기기와 장비가 즐비했다. 한 번 쓰고 쓰레기통에 버려지는 거즈, 주사기, 주삿바늘 등 의료 소모품도 나를 '경악' 하게 했다.

당시 우리나라 개인 병·의원 중엔 미군 부대에서 보따리 상인을 통해 흘러나오는 주사기를 사용하는 곳이 많았다. 몇 번 소독해 사용하다가 주사기 끝이 무뎌지면 숫돌에 갈아 썼다. 몽당연필처럼 길이가 짧아지면 근육주사용을 정맥주사용으로 활용했다. 수술용 장갑에 구멍이 나면 덧붙여 다시 사용하기도 했다.

그 10년 전 상황은 더 열악할 수밖에 없었다. 모든 것을 미군 보급품으로 충당할 때다. 의약품 또한 예외가 아니었다. 군용 의약품이 일반에 나돌 수 없으니 비정상적 경로를 통해야 했다. 일명 '보따리상'이 그 유통을 맡았다. 그럴 때 오태운 할아버지가 군대에서 미제 의약품 보급을 맡았던 것이고, '깨져서 못 쓰게 된 것'을 시중에 넘기고 돈을 챙기는 재미도 쏠쏠했다. 시쳇말로 보직 잘 받은 것이다.

춘천의 부대에서 생활해야 하는 할아버지는 인천의 신부와 떨어져 있을 수가 없었다. 그래서 춘천에 따로 방을 얻어 놓고 신접살림을 차렸다. 부대 안에 머물러야 하는 군인에게는 상상할 수 없는 일이었지만 할아버지는 실현시켰다. 이런 게 다 미제 의약품을 담당한 덕분에 얻은 '돈'의 위력이었다. 신부는 춘천 시내에서 미군 군복을 팔았다. 미제 군복도 시중에 마구 나돌던 시절이다.

신랑은 그 생활이 얼마 지나지 않아 제대해 인천으로 내려와 아예 사업을 시작했는데, 그게 헌책방 노점이었던 것이다.

책방은 또 다른 책방을 낳고

오태운 할아버지가 배다리 쪽에서 처음 헌책방을 시작할 때에도 전쟁의 폭격으로 남아 있는 게 별로 없이 황폐했다. 서점의 수도 많지 않았다. 그러나 그 30년 전에는 인천에서 서점 찾기가 더 어려웠던 모양이다.

1924년 잡지 『개벽(開闢)』은 제48호 6월호와 제50호 8월호에서 인천 특집 기사를 잇달아 실었다. '인천아, 너는 어떠한 도시?'란 제목을 붙였다. 격변하는 인천의 사회상을 다각도로 분석하면서 돈만을 추구

할 뿐 사람의 가치는 경시하는 '신흥도시 인천'의 폐해를 꼬집고 있다.

군자는 반드시 어진 마을을 택하여 기거한다는데 인천은 이와 반대로 연애소설이나 유행잡가 한 권도 사 볼 만한 책방 한 곳이 없고, 돈이라면 목숨을 내기하여 옥이야 금이야 하던 제 자식까지 왜유통 (倭油桶)에 오줌을 싸게 하는 수전노, 이 골목 저 골목 백주대로에서 산 사람의 눈깔이라도 뽑아 먹을 수만 있으면 덤벼 보려고 껄떡껄떡 하는 고리대금 아귀쟁이들의 발호하는 꼴을 보고는 참말 대학목약 (大學目藥)을 찾기에 겨를이 없을 모양이다.

— 『인천의 산책자들』(김창수 엮음, 다인아트, 2005)에서 재인용

인천의 삭막함을 이보다 더 진하게 표현한 글귀를 아직 본 적이 없다. 책방 한 곳 없고, 돈에 눈이 먼 수전노와 고리대금업자들이 판을 치는 도시여서, 그런 인천을 바라보노라면 눈에 병이 날 지경이라는 이야기다. '대학목약'은 당시 유명했던 안약 이름이다. 인천은 한마디로 어진 군자가 살 동네가 아니라는 비난이다. 이 글을 쓴 기자는 도시의 품격을 높이고 어질게 하기 위해서는 서점이 필요하다고 역설하고 있기도 하다.

그런데 『개벽』에 글을 쓴 이 기자는 인천의 사정을 속속들이 알지는 못했던 모양이다. 서점이 아예 없지는 않았으니 말이다.

개항기부터 1950년대 초반까지 인천의 사회상을 자세히 풀어낸 고일(高逸)의 『인천석금(仁川昔今)』에는 인천의 서점 역사를 짐작하게 하

는 대목이 나온다.

요즘 학교가 많이 생겨 학생도 끔찍하게 많아져서 책사(書店)가 군데군데 점점 늘어 가고 있다. 우리 인천에서 처음 책장사를 벌이고 세책(賃冊)을 논 사람은 임만호(林萬戶) 씨다. 만호는 이름이 아니고 벼슬 이름이니 시방 치면 소위(少尉) 급의 군인이나 되는지?

이 분은 '주간 인천' 사장인 임영균 씨의 선친이다. 그때 책은 지금 같이 인쇄활자로 장정까지 얌전히 한 서적이 아니다. 조선 백지(厚紙窓戶紙)에 목판이나 또는 모필(毛筆)로 2호 활자만큼 크게 흘림 한글로 써서 기름을 먹여서 만든 소설책이 많았다. 삼국지, 유충열전, 옥루몽, 수호지 따위나 치악산, 춘향전, 심청전 따위인데 하루에 동전 한 푼의 셋돈을 내고 보던 대본(貸本)이 가장 많이 나갔다.

가을 겨울 긴긴밤에 수심가 엮음조로 목청을 가다듬어 멋들어지게 읽은 것이었다. 책을 보는 게 아니라 책을 읽었으니 독서(讀書)라는 어원이 여기서 생긴 것이나 아닐까? 밤참(夜食)을 먹어 가면서 참기름 들기름 등잔(燈盞)이나 그 후 석유등에 등피(燈皮)를 끼어서 심지를 돋워 놓고 밤이 깊어 가는 줄 모르고 가족이 모여 듣거나 이웃 나들이 온 노인까지 정신이 팔려 듣고 있는 꼴은 우습기도 하고 대견하기도 했다. 사랑방에서는 점잖은 남자들이 삼국지를 읽는다면 안방에서는 옥루몽을 큰 며느님이 읽기도 했다. 늙은 시어머니는 이것으로 여생을 즐겼으며 가정의 향락과 평화도 유지했다.

여기서 말하는 '주간 인천' 임영균 사장이 살던 집이 바로 배다리에 있다. 헌책방거리 맞은편 골목 초입에 옛 인천양조장 자리가 바로 임영균 사장의 고택이다. 배다리와 책방의 인연이 이렇게 깊은 줄 그동안에는 미처 생각하지 못했다.

잘될 때 40여 곳까지 번성했던 배다리 헌책방거리도 시들시들 사그라져 어느새 다섯 곳만 남았다. 그런데 10여 년 전부터 배다리 헌책방거리에 생기가 돌기 시작했다. 1973년 배다리에서 헌책방을 시작한 '아벨서점'의 곽현숙(65) 대표가 이 책방거리에 활력을 불어넣기 위해 애썼다. 지금 남아 있는 헌책방 중 막내 격이지만, 배다리를 문화 공간으로 탈바꿈시키는 핵심 역할을 해 왔다.

해방 이후 우리 사회에서 헌책방이 문화계의 전면에 등장한 것은 1946년 시인 박인환(朴寅煥)이 명동에 헌책방 '마리서사'를 내면서일 것이다. 당시 마리서사는 문인들의 집합소였다. 8·15해방부터 한국전쟁 그리고 휴전까지 대표적 작가 100여 명의 삶의 궤적을 추적한 안도섭의 실명 소설 『명동시대』는 첫 페이지를 '마리서사'로 시작한다. 인천에서 그 마리서사와 같은 역할을 하는 곳이 배다리 집현전 옆 아벨서점이다. 곽현숙 대표가 헌책방을 내고 얼마 지나지 않은 1975년만 해도 우리말이 아니면 간판을 달수도 없었다. 그래서 1973년 시작할 때 '아벨서점'이었는데, 잠시 그만두고 1975년 다시 내려고 했을 때에는 '아벨'을 쓰지 못하고 자신의 예명을 따서 '정은서점'이라고 해야 했다. 또 당시에는 경찰서에 신고해야 했는데, '고물업 14종'으로 분류되어 있었다. 지금의 아벨서점 자리로 온 것은 1995년이다. 그 뒤로

전시장도 꾸미고, 정기 시 낭송회도 갖고, 문예 전문 코너도 만들고 했다. 이제는 '추억의 책방'을 꾸밀 생각이다. 노인들이 옛날의 책방을 추억하도록 하기 위해서다. 노인들에게 옛 추억을 선물하는 좋은 '도서관'이 되고도 남을 것이다.

곽현숙 대표의 노력이 결실을 맺은 것일까. 지난가을에는 삼성서점이 새로운 주인을 맞아 완전히 면모를 일신했다. 문을 닫기만 하던 헌책방 골목에 새로운 식구가 생긴 것이다. 또한 어린 학생들부터 나이든 노인까지, 최근 몇 년 사이에 배다리 헌책방 골목을 찾는 손님들의 발길이 부쩍 늘었다. 고목나무에도 새순이 돋아나듯이 배다리 헌책방 거리에 오래도록 활력이 넘쳤으면 좋겠다.

도서관이었고
박물관이었고
문화재였다

'오래된 가게'에 대해 처음 관심을 갖게 된 것은 앞에서도 얘기했다시
피 2008년 새해 들어서였다. 그때 찾은 경인일보(당시 경기신문)의
1978년 1월 1일 자부터 시작된 기획 시리즈 제목은 큼지막한 한자 글
씨로 '고포(古鋪)'라 씌어 있었다. 한자에 밝지 못한 필자로서는 다소
낯설었다. 일반적으로 가게를 나타낼 때 사용하는 '포(鋪)' 자가 아니
라 잘 쓰지 않는 속자(俗字)인 '포(舖)' 자를 쓴 점을 언뜻 이해할 수 없
었다. 또, 대대로 내려오는 오래된 가게를 지칭하는 '노포(老鋪)'란 용
어 대신 굳이 '고포'라 한 이유도 알 수가 없었다. 그 점이 두고두고 머
릿속을 맴돌았다.

　2년여 동안 오래된 가게의 주인들을 만나면서 1978년, 36년 전의 선
배 기자들이 왜 '고포'라 했는지, 왜 '포(鋪)' 자를 '포(舖)' 자로 썼는지
나름대로 판단하게 되었다. '노포'에 나오는 '노(老)' 자는 늙고 쇠함을

직접적으로 드러내기 때문에 피한 것이 아닐까 싶었다. 또, '포(鋪)' 자에 붙는 쇠금 변이 '돈'을 나타낸다는 점도 꺼린 이유가 아닐까. 필자 스스로 생각하기에도 '노포'보다는 '고포(古舖)'가 더 예스러워 보이고 입에 감기는 맛도 더 나았다.

'노포'와 '고포'를 놓고, '포(舖)' 자와 '포(鋪)' 자를 두고 이러쿵저러쿵한 것은 문외한의 눈에 그렇다는 것일 뿐이다. 순전히 개인적 느낌을 말한 것일 따름이다. 사실, 필자는 '포(舖)' 자에는 '이야기(舌)'가 있고, '포(鋪)' 자는 '돈(金)'을 강조한 것이어서 선배들이 '이야기'를 택한 것이 아닌가 여긴 적도 있다. 이번 취재가 다 되었을 무렵 '오래된 자전(字典)'을 찾아보기 전까지는 그랬다. '사(舍)' 자에는 입을 나타내는 '설(舌)'의 의미가 없다는 것을 그때야 알았다. 누구한테 이야기라도 했더라면 "무식이 철철 넘친다"고 핀잔이라도 받을 뻔했다. 그래도 필자는 선배들이 가게를 말하면서 '돈'보다는 '집'을 강조하기 위해 일부러 그렇게 썼다고 믿는다.

오래된 가게에는 이야기가 있고, 역사가 살아 있었다. 허름할수록,

오래된 것일수록 더 많은 이야기가 있었다. 모두가 도서관이었고, 모두가 박물관이고 문화재였다. 필자의 어설픈 글쓰기가 그 가치 있는 것에 괜한 오점이나 남기지 않을지 걱정이 앞선다.

앞에서 만난 열다섯 곳의 가게 주인 가운데 현직 대통령의 초대를 받은 사람도 둘이나 된다. 한 분은 전쟁 직후 일본 땅에서 대한민국의 기개를 떨친 사이클 영웅이었고, 또 한 분은 이발하는 모범 시민이었다. 그들의 가게는 그냥 지나치기 십상일 정도로 작으면서 오래되었다. 어떤 특정한 분야에서 대한민국의 개척자인 경우도 있었다. 대개는 아주 평범하게 내 할 일만 꾸준히 한 사람들이었다. 그들은 가족의 생계를 위해 자신의 일생을 바쳤다. 우리 사회는 그러한 평범한 사람들에 의해 그렇게 성장해 왔다.

취재를 해 놓고 여기에 싣지 못한 경우도 있다. 부평의 오래된 연탄가게 할아버지(83세)는 55년째 연탄을 배달한다. 우리 서민들의 연탄에 얽힌 역사를 꿰고 있다. 그는 1951년 스물의 나이에 인천에서 부산까지 걸어서 피란을 갔다고 했다. 꼬박 13일이 걸렸단다. 전쟁이 끝난 뒤 부평에서 연탄 가게를 시작했다. 3만 원을 빌려 세 살배기 암소부터 샀다. 소는 배를 타고 강화에서 사 왔다. 마차도 2만 원을 주고 구입했다. 당시 부평에는 마차 공장이 따로 있었다. 당시 19공탄 연탄한 장을 7원에 떼어 9원에 팔았다. 지금은 22공탄인데 430~450원에 떼서 500~550원을 받고 배달한다. 정부 고시 가격은 560원이다. 예전 잘나갈 때에는 하루에 5천 장씩도 팔았다. 그런데 석유 보일러가 생기면서 시들해졌다. 그래도 이 일을 버리지 않고 있다. 많을 때 부평 산곡동 일대에만 연탄 가게가 열일곱 군데나 있었다. 지금은 물론 그때부터 하던 곳은 다들 떠나고 없다. 그래서 더욱 할아버지의 연탄 가게가 소중한지 모른다.

연안부두에서 생선전을 하는 여든한 살 할머니는 황해도 해주에서 태어나 전쟁 통에 피란을 나왔다. 백령도 피란살이할 때에는 물이 없어 짠물에 밥을 해 먹어야 했다. 밥물이 짜면 밥이 퍼지지 않는다는 것을 할머니는 그때 알았다. 지금의 중구 파라다이스호텔 자리에 피란민촌 천막이 여덟 동인가 있었다. 그때부터 하인천 부둣가에서 생

선 장수를 했다. 1년쯤 거기서 살았는데 남구 독정이마을로 쫓겨났다. 1975년 하인천 부두에서 연안부두로 어시장이 옮길 때 같이 옮겨와 지금까지다. 언젠가는 가게 문을 닫고 가려는데 어린 여자아이가 울고 있었다. 파출소로 데려갔다가 부모를 찾지 못해 그냥 집에 재웠다. 그날로 딸이 되었다. 아들만 넷이었는데, 딸을 덤으로 낳은 셈이다. 옛날에는 그렇게 자식을 갖는 경우가 많았다고 한다. 할머니는 요즘 개시도 못하고 들어갈 때가 많다고 한다. 손님들이 나이 먹은 늙은이라고 팔아 주지 않는다고 할머니는 여긴다. 요새 몇 년 사이 연안부두 어시장 할머니들이 몇 분이나 세상을 떴다. 이제 여든 넘은 할머니는 셋 남았다고 했다. 할머니는 필자에게 도대체가 구분이 되지 않는 도다리와 광어의 차이를 알려 주었다. 입이 이쪽으로 있느냐 저쪽으로 있느냐의 차이였다. 다시 보아도 헷갈렸다. 도다리는 1만 원이었고, 광어는 2만 원이었다. 점심 때 갔는데 날이 어둑어둑해져서야 인터뷰가 끝났다. 할머니는 어디서 났는지 빨갛게 익은 홍시를 주었다. 당장 먹지는 못했다. 사진부터 찍어 두었다. 할머니의 이야기를 오래 간직

하고 싶었다.

　그 밖에도 꼭 만나야 하지만 그러지 못한 분들이 너무나 많다. 여기서 다 하지 못한 오래된 가게의 주인을 만나는 일은 다음 기회로 미룰 수밖에 없게 되었다.

　이들 오래된 가게는 너무나 소중한 우리 모두의 자산이다. 그러나 이제는 더 이상 지탱할 수 없을 정도로 위기를 맞고 있다. 대를 잇는 곳은 드물고, 수지도 맞지 않는다. 지금까지 버텨 온 그들에게 더 이상의 역할을 기대하기는 무리다.

　오래된 가게를 찾아다니면서 깊이 느낀 게 있다. 그 주인이 살아온 인생이, 그 가게가 견뎌 온 세월이 바로 우리의 현대사를 꾸며 왔다는 점이다. 오래된 가게는 '시간을 품고 있는 곳'이다. 개인보다는 정부 기관이 나서서 오래된 가게의 이야기를 채록하고 오래된 물건들을 보존할 대책을 세우는 일을 서둘러야 할 것이다. 그것이 역사를 차곡차곡 쌓는 길이기도 하다.

　오래된 것에는 다 그만한 사연이 있다. 그 오래됨이 쌓인 것이 도시의 이야기이고 역사였다. 오래된 것을 하찮게 여기고 새것만 좇는다면, 그것은 미래를 가볍게 여기는 것이나 마찬가지다. 그동안 취재에 협조해 주신 모든 분들께 진심으로 감사의 말씀을 드린다.